물리치료를
넘어

BEYOND THE PHYSIOTHERAPY

물리치료사 성우경·임우석 지음

[판권]

1판 발행일 ㅣ 2024년 9월 일

지은이 ㅣ 성우경·임우석

편집인 ㅣ 조명숙·박유란

디자인 ㅣ 정의경

펴낸곳 ㅣ 도서출판 브라이튼

주　소 ㅣ 경기도 고양시 일중로 15번길 128 유진스웰

출판등록 ㅣ 제2023-000017호

이메일 ㅣ artmuseu2@gmail.com

ISBN ㅣ 979-11-989175-0-8(03300)

값　ㅣ 19,000원

저작권자 ⓒ 성우경·임우석

출간도서『물리치료를 넘어』는 성우경외 1인의 승인받아 사용하며, 이 책의 판형디자인은 브라이튼 출판사에 귀속되어 저작권법에 의해 보호받는 저작물이므로 무단 전재와 복제를 금합니다.

물리치료를 넘어
BEYOND THE PHYSIOTHERAPY

추천하는 글

성우경 저자의 친구같은 선생님

을지대학교 물리치료학과
김명철 교수

대한민국을 대표하는 청년 물리치료사 2명이 말하는 '슬기로운 물리치료사'가 되기 위한 가장 명확하고 솔직담백하게 전개된 멋진 스토리 책이다.

이 책에서 말하고자 하는 '슬기로움의 핵심'은 특별하면서도 누구나 공감할 수 있는 요소들로 나와 같이 학생들을 가르치는 물리치료학과 교수는 물론이고, 임상에서 근무하는 물리치료사들도 몇 번씩 고개를 끄덕이게 하는 공감지수 100%의 책이다.

그리고 물리치료를 궁금해 하는 여러분들 역시 이 책을 통해 한국의 물리치료사들을 이해하는데 도움이 될 만한 구성과 언어들로 채워진 안내서라 할 수 있다.

이 책은 단순히 물리치료의 기술적 설명을 넘어서, 물리치료사가 환자와 맺는 관계, 그들이 사회에 미치는 선한 영향력, 그리고 진정한 치료의 의미에 대해 깊이 있는 통찰을 제공한다.

이 책의 주요 내용을 잠시 살펴보면 물리치료사는 환자와의 신뢰와 공감이 치료의 핵심임을 강조하며, 그들의 삶을 평생 케어^{care}하면서 인생의 조력자로서의 정체성을 가진다고 말한다. 그러면서도 기본에 충실한 환자 맞춤형 물리치료사가 되어야 하고, 이를 바탕으로 다양한 환경과 다양한 문화를 이해할 수 있는 포용력을 가진 글로벌한 물리치료사가 이 시대가 요구하는 롤모델임을 강조한다.

물리치료사 본인과 속해 있는 조직, 그리고 사회를 발전시킬 수 있는 공적인 세일즈 마인드를 함양하고, 이를 바탕으로 끊임없는 자기계발을 통해 겸손과 존중을 배워나가는 성숙한 보건의료전문가로 자리매김 해야 한다고 주장한다.

마지막으로 내가 《물리치료를 넘어》를 강력하게 추천하는 가장 중요한 이유는 물리치료사의 삶과 직업적 철학을 깊이 있게 탐구한 책으로, 물리치료사의 역할과 책임, 그리고 그들이 사회에 미치는 긍정적인 영향에 대해 새로운 시각을 제시하고 있다.

물리치료사 성우경과 임우석 두 저자는 이 책을 통해 물리치료사의 다면적 역할을 강조하며, 그들의 경험을 바탕으로 한 현실적이고 감동적인 이야기들을 풀어 놓고 있다. 환자와의 진정한 소통과 공감의 중요성, 치료의 본질에 대한 고민이 더 나은 치료를 위해 끊임없이 노력하는 물리치료사들에게 도전과 격려의 지침서가 될 것임을 확신한다.

성우경의 새로운 도전을 응원하며

강남 YK병원
정형외과 전문의
윤재웅

물리치료사 성우경 팀장님의 새로운 도전을 응원합니다. 이 책은 단순히 '뛰어난' 물리치료사를 훌쩍 넘어, '넘버원' '엄지척'이 되게하는 포인트인 것 같습니다. 성우경 팀장님은 '재활의학의 필요성'에 대해 갸우뚱하는 마음을 갖고 있던 저에게 적잖은 충격과 새로운 생각을 가질 수 있도록 해준 사람입니다.

상당 기간 「굿라이프」라는 유튜브를 같이 해오며 성우경 팀장님의 지식의 깊이와 노력하는 것은 알고 있었으니, 그것은 뛰어난 물리치료사라면 가지고 있는 것이 당연할 수도 있습니다.

하지만 성우경 팀장님을 빛나게 하는 가장 중요한 핵심은 항상 환자를 '내 가족'같이 대하고 '역지사지'의 마음으로 진실하게 대하는 점이 아닐까 싶습니다.

저도 항상 노력하는 점이지만 이러한 초심을 10년, 20년 쭉 이어가서 더욱 빛나는, 더욱 존경받는 물리치료사 성우경이 되길 바랍니다.

마지막으로 이 책을 내면서 그동안 얼마나 바쁜 시간을 쪼개 노력했을지 잘 알기에 박수를 보내며, 이 책을 읽는 모든 분에게도 물리치료사 성우경 팀장님의 따뜻하고 진실한 마음이 잘 전달되기를 바랍니다.

다정한 물리치료학의 입지

국립재활원
재활의학과 전문의
김정환

물리치료학과 여러 의학 분야는 상호 보완적으로 발전해왔고, 앞으로도 다양한 요구에 함께 대응할 것이다. 다양한 면 중 따듯함을 물리치료학에 접목하길 원한다면 본 책은 확실한 입지가 있다.

본 책에 대한 추천의 변을 하는 본인은, 재활의학 분야에 강산이 여러 번 바뀌도록 종사해 온 재활의학과 전문의로서, 물리치료를 처방도 해 보았지만 받아보기도 해 보았다. 그동안 많은 물리치료사님과 대화를 하였다.

사람과 사람의 관계는 단지 형식적일 수도 있겠지만, 형식적인 도움 외에 인간적인 배려를 더 주고 받는, 매우 따뜻한 사례도 있을 것이다. 전문적 영역에서 결과에만 집착하면 그 과정에 있는 인간 자체를 잊기가 쉽다. 인간의 그윽함을 유려한 문체로 나타내는 따뜻한 두 분의 저자를 본 책을 통해 만나게 되어 매우 영광이다.

사람을 대하는 영역, 특히 의료의 영역인 물리치료의 영역에서 우리는 물리치료사분들께 인간다움에 대한 기대를 부지불식간에 추가하곤 한다. 이 책을 통해 참신하고 따뜻한 두 분 저자의 성찰을 같이 음미하며 물리치료와 의료의 지향점을 다시 생각하게 된다. 대한민국의 의료는 비약적인 발전을 지난 수십 년간 이루었고, 현재에도 변화하고 있다. 미래에는 인간적인 배려를 더 원하는 의료 문화가 예상이 된다. 미래 지향적인 여러 측면 중, 본 책은 전문성도 다루며 따뜻한 면모도 역시 강조하는 글이다. 물리치료학이란 전문 분야의 인간적인 면을 함께 강조하는 본 책을 추천한다.

공감과 소통, 물리치료사의 훌륭한 안내지침서

前) 국회 보건복지위원장 · 4선 국회의원
오제세

성우경 임우석 두 물리치료사의 《물리치료를 넘어》 출간을 진심으로 축하드립니다.

이 책은 물리치료사의 전문적 기능을 수행하기 위한 마음 자세, 직무 활동, 환자를 대하는 직업인의 자세, 자아 성장, 휴식과 재충전 등 안내 지침서를 뛰어넘는 큰 가치를 갖는 것으로 평가합니다.

성우경 물리치료사는 '가장 나다운 나'를 앞세우며 신체 치료와 함께 정신적 관리를 강조하며 심리상담사 자격증까지 취득하는 열정을 보여주고 있습니다.

임우석 물리치료사 역시 편안한 경청의 아이콘으로 '나눔'을 실천하기 위해 성실한 자세로 자기 발전을 위해 노력해왔습니다.

두 분 저자 모두 현재에 안주하지 않고 끊임없이 연구 노력하며 새로운 미래를 향해 달려 나가고 있는 모습에 경의를 표합니다.

현재 우리 사회의 가장 중요한 덕목의 하나는 소통과 공감이라고 봅니다. SNS 시대 소통과 공감은 더욱 중요해지고 있습니다.

미국 경제학자이자 사회학자인 제러미 리프킨은 저서 《공감의 시대》에서 타인의 입장과 아픔을 공감하는 능력을 고도화한 것이 인간다움의 특징이며 공감능력이 사회를 유지하게 하는 원동력이라고 말하고 있습니다.

두 분의 저자 역시 소통과 공감을 강조하고 있습니다. 환자 치료를 위해서는 통증을 함께 느끼는 한편 치료과정에서 충분한 소통과 공감이 필요하다고 말하고 있습니다. 고통을 공감하고 서로 간에 적극적으로 소통해야 한다는 것입니다. 환자와 물리치료사의 공감을 통한 신뢰 형성이 중요하다고 강조하고 있습니다.

또 공감과 소통은 상대의 처지를 이해하는 역지사지와 겸손, 배려,

존중에서 나온다고 하는 것은 큰 울림입니다.

 땀과 노력이 담긴 이번 저서는 물리치료사의 지침서가 될 것으로 확신하며 다시 한번 축하의 말씀과 함께 무궁한 발전을 기원합니다.

[CONTENTS]

추천하는 글 5

Prologue 20

Chapter. 1
21세기, 슬기로운 물리치료사 생활 25

    01. 한마디로 말하는 물리치료사 / 26
    02. 가치를 #세일즈하다 / 30
    03. 타인의 마음을 움직이려면 #역지사지가 기본이다 / 34
    04. 홈런보다는 #안타 / 38
    05. #컨설턴트가 돼라 / 41
    06. 물리치료사로 살아가기 / 43
    07. 다양한 분야와의 만남이 이루어지는 곳 / 50
    08. 물리치료사, 역할의 정체성 / 55

Chapter. 2

슬기로운 물리치료사 Ver. 1&2 [63]

09. 두 명의 물리치료사 / 64
10. 삶에 좋은 울림을 주는 물리치료사, 성우경 / 68
11. 편안한 경청의 아이콘 물리치료사, 임우석 / 71
12. 무리한 도약이 아닌 천천히 에둘러 가는 길, 성우경 / 76
13. 여행에서 만난 삶의 퍼즐조각들, 성우경 / 81
14. 혹독하게 획득한 경험이 슬기롭다, 임우석 / 110
15. 멀티 플레이어가 되어야 한다 / 115
16. 그러나 번아웃을 간과하면 안된다 / 119

Chapter. 3

최적화된 치료전략을 세우는 프로 [125]

17. 기본에 충실하기에 과함은 없다 / 126
18. 함께하는 영역: 치료사에게 환자란? / 131
19. 물리치료사는 유망한 직업인가? / 134
20. 병원 안에서도 밖에서도 물리치료사 / 141

Chapter. 4
행복한 물리치료사 생활 147

    21. 필요충분조건은 연장된 수명이 아닌 수명연장의 방법과 삶의 질 / 148
    22. 어떤 물리치료사인가? / 156
    23. 세상과 연결하는 브릿징 / 160
    24. 트렌드를 뛰어넘어 브랜딩을 하는 치료사 / 165

Chapter. 5
가치의 실현 173

    25. All GOOD, 물리치료를 넘어서 / 174
    26. 건강과 수면의 질 / 181
    27. 그들에게 들어본 새로운 수면 방법의 효과 / 186
    28. 심신의 치유와 힐링이 의미하는 것 / 197
    29. 그렇게 한 걸음 더 성장한다 / 204

Epilogue 210

부록 - 꿀잠 주무세요 212

Prologue

 이 책은 좋은 목소리로 삶에 울림을 주는 친화력으로 브랜딩 된 성우경, 그리고 겸손으로 무장한 경청의 아이콘인 임우석, 이 두 명의 물리치료사로서 경험적 자아가 화자가 되어 하는 이야기이다. 이미 제목을 통해 눈치 챘을지 모르겠지만 각 챕터의 주제는 물리치료라는 영역을 넘어선 사람이 바탕이 된 이야기다.

 세상에는 많은 물리치료사가 존재한다. 그러나 좋은 목소리로 삶에 울림을 주는, 환자들의 삶을 경청하는 물리치료사는 흔치 않다. 아니 어쩜 단 하나의 대체 불가능한 고유의 존재일지 모른다. 그렇다고 필자인 나 자신이 뭐 대단한 존재인 듯한 오만하고는 차이가 있다.

부모들은 자신의 아이가 세상에 둘도 없는 그 무엇도 대신할 수 없는 단 하나의 귀한 존재인 것처럼 그리고 자식이 많든 한 명이든 하나하나 소중함을 다른 모양새로 표현하는 사랑의 형태이듯이 말이다. 그래서 나는 세상에서 단 하나의 불빛이 되기로 마음먹었다. 어떤 사람이든 세상에 하나밖에 없는 존재이므로.

아이들을 키우는 아빠가 된 후 이전보다 더 치열하게 나를 고민하게 된다. 내 아이들이 세상에 나와서 호흡하던 순간부터 들었던 생각, 이 귀한 생명은 어떻게, 어디에서 왔을까? 정말 신비하고 경이로운 사건이었다. 그리고 나는 나 자신이 더욱 중요해졌다. 나의 삶에서 내가 가장 가치 있게 여기며 살아온 것은 무엇이었나? 나를 더욱 좋은 사람으로 만들고, 가치 있게 잘 사는 것이 내 아이들을 위해 내가 해 줄 수 있는 가장 중요한 일이라고 생각했기 때문이다. 그래서 소크라테스는 너 자신을 알라고 했는가 보다. 현재의 나를 앎이 내가 살아가는 의미와 목적이기 때문에.

인생이라는 여행에서 삶의 의미와 목적은 인생을 인도하는 네비게이션이다. 목적 없이 달리게 되면 내가 어디쯤 있는지 나 자신의 위치를 잃어버린다. 우리 시대는 인성 좋은 사람이 능력자다. 수많은 연구를 하는 학자들은 미래 사회의 가장 중요한 자원이 인성 역량이라고 규명하고 사회의 각 분야에서는 행복한 사람을 선호한다. 그만큼 삶의 만족도는 그 사람의 직업적 소양을 더욱 고취 시킨다. 내가 서 있는 지점을 알고, 무엇을 해야 하는지, 어디로 가는지, 잘 아는 사람이 결국은 능력 있는 사람이라는 말이다.

 많은 사람이 되고 싶어 하는 선한 영향력이 있는 사람, 흔히 말하는 인플루언서라고도 한다. 이들은 뭔가 힙한 문화를 만들어 내고, 남들이 생각하지 못한 일들을 벌이거나, 과감한 담론을 제시하는 사람이 아니다. 자신의 위치에서 주위에 있는 사람들에게 선한 가치를 전달하고 그 영향력으로 물들이고 스며들게 하는 사람, 주변을 밝게 비추고 위로하는 사람 그래서 작은 것을 증명하면서 한 사람 한 사람에게 영감을 주며 결국은 상향식으로 세상을 바꾸는 사람들일 것이다.

 나도 그러길 원한다. 물론 처음부터 사명에 불타는 본투비 물리치료사는 아니다. 그러나 나의 이야기로 풀어낸 물리치료를 넘어선 물리치료사, 어딘 가에 있는 가장 소중한 가치 나만의 파랑새를 찾아가는 여행자, 그것이 고유한 나를 브랜딩하는 핵심 가치이며, 삶의 의미와 목적이다. 그리고 스토리텔링으로 나의 경험을 디자인하고 그 안에 기조를 수면 위로 올려 보았다.

 그래서 내 주변에 널리 퍼지지는 못해도 작은 불빛을 하나하나 놓아 가고 싶다. 내 후배가, 길을 찾지 못하는 사람들이, 그리고 세상에서 가장 소중한 나의 아이들이 이 작은 불빛으로 인해 길을 잃지 않도록 그래서 미래를 알 수 없는 인생의 여행길에서 혹시라도 어두움을 직면하게 되면 이 작은 불빛이 가이드가 될 수 있으면 좋을 것이다.

> "나이 많은 사람도, 애라고 불리는 나이 어린 사람도 모두
> 상처받고 흔들리는 그저 '사람'이다.
> 그렇기에 우리 모두 어르고 달래주는 어른이 필요하다.
> 드림 피셜처럼 '어른'을 결혼 유무, 나이,
> 신체적 변화를 기준으로 두지않고,
> 어르고 달랠 줄 아는 존재로 본다면
> '어른'의 교집합은 넓어진다."

Chapter 1.

21세기, 슬기로운 물리치료사 생활

01. 한마디로 말하는 물리치료사

건강하게 100세 시대를 살아가는 것은 이미 우리의 삶에 중요한 아젠다agenda가 되었다. 이를 위해 수많은 신체와 정신적 향상이 필요해짐에 따라 의학적 기술과 정보가 넘쳐나고 있다. 현대 사회의 사람들은 어떤 정보에 대한 검증을 빠르게 할 수 있는 시대를 살아가고 있다. 자기의 신체에 행하는 건강을 위한 행위에 대해 이와 같은 검증 절차를 무엇보다 중요하게 생각하지 않을 수 없다. 그리고 이와 같은 검증과정은 또 다른 수많은 정보를 양산하고 있다. 그중에서도 의학과 과학으로 신뢰할 방법을 제공하는 최근접 영역에는 우리와 같은 물리치료사라는 이름으로 사람이 존재한다.

물리치료사는 환자의 통증을 해결하고 신체 기능을 회복시키는 것을 목적으로 한다. 진단이 내려지면 통증 해결과 기능 회복에 있어 가장 중요한 건 치료의 영역이며 물리치료는 가장 보편적인 신체적 기능 회복을 위한 역할을 한다.

실력은 기본이다. 그러나 실력이 다는 아니다. 예를 들어 도수치료와 같은 영역은 숙련도에 따라 치료 결과가 천차만별이다. 올림픽에 출전하는 선수들은 하나같이 실력자다. 비슷한 실력에도 불구하고 누구는 금메달을 따고, 누구는 메달 획득에 실패하지 않는가? 도수치료도 마찬가지다. 치료 실력은 올림픽 출전권이지, 금메달은 아니다.

치료 실력만큼이나 중요한 것은 진심이다. 물리치료사, 특히 예방적 물리치료를 하고 있거나 장차 통증의 원인에 대한 치료를 원한다면 본인의 마음가짐부터 점검해 보면 좋을 것이다.

그래서 물리치료사는 어떤 사람인가?

'신체의 움직임에 대한 전문가로 질환에 대한 물리적인 치료를 제공하는 사람, 물리적인 치료를 통해 치료할 수 있는 상태인지 아닌지를 구분해서 환자에게 정확한 치료 방법을 선택할 수 있도록 환자의 상태를 객관적으로 평가하여 정보를 제공하는 사람, 그리고 치료에 있어서 다양한 분야의 전문가들과 협업이 필요한 사람'이다. 즉, 다른 분야, 다른 영역의 사람들과 지식을 잘 받아들이고 활용할 수 있는 수렴적 사고능력 convergence 이 중요하다.

또한 "물리치료사는 누군가를 위한 조력자이지, 주인공이 아니다." 인간에게는 자연치유 능력이 있지만 그 시간을 단축하는 것이 물리치료사의 역할이라고 생각한다. 그리고 정말 중요한 한 가지 물리치료사는 환자의 고통과 아픔을 어르고 달래는 사람이다. 그런 사람을 우리는 어른이라고 부른다.

나이 많은 사람도, '아이'라고 불리는 나이 어린 사람도 모두 상처받고 흔들리는 그저 '사람'이다. 그렇기에 우리 모두 어르고 달래주는 어른이 필요하다. 드림 피셜처럼 '어른'을 결혼 유무, 나이, 신체적 변화를 기준으로 두지 않고, 어르고 달랠 줄 아는 존재로 본다면 '어른'의 교집합은 넓어진다. 불안한 생을 만났을 때 한 번이라도 이런 위로를 받고 싶어 그저 어른의 마음을 가진 사람을 찾는다. 나이가 어려서 상한 마음에 건네고자 하는 손길을 주저할 이유가 없고, 나이가 많다고 다가온 손길을 자존심 상해할 필요도 없다. 우리 모두 그저 다정한

다독임이 필요한 '사람'이라서 그렇다. 이렇듯 '어른'에 대해 시선은 '어른스러움'에서 거창함은 빼고 실질적으로 표현될 마음의 형태를 담아 두었다면 이를 물리적, 심리적으로 가장 잘 구현할 수 있는 그저 사람으로 물리치료사를 말할 수 있다.

02. 가치를 #세일즈 하다

부정할 수 없는 사실은 물리치료사는 무형의 가치, 정신적인 판매자라는 것이다. 의사는 환자에게 처방을 판다. 변호사는 배심원에게 평결을 판다. 선생은 학생들이 수업에 주의를 기울일 만한 가치를 판다. 회사원은 프레젠테이션하고, 기업가는 투자자를 설득하고, 작가는 독자에게 흥미로운 이야기를 팔고, 감독은 선수들의 역량을 최대한 끌어올려 호승심을 자극함으로 티켓을 판다. 고결한 학문을 연구하는 학자조차도 자신의 연구에 대한 비용을 국가나 기업으로 지불받는다.

판매의 형태는 무언가를 교환하는 것으로 자본주의 사회에서 통화 방법의 형식이다. 내가 받는 월급은 회사에서 무언가를 생산해내고 이를 통한 수익 창출을 통해 지급된다. 따라서 일터에 나온 이상 누구나 무언가를 판매하는 사람이다.

그러나 그 생산한 것이 사람들에게 유익하면 더할 나위 없는 보람과 자부심을 느끼게 된다. 물리치료사로서 이러한 판매자 마음가짐은 치료라는 숭고한 영역에 어울리지 않지만 안타깝게도 중요한 영역임은 사실이다. 물건과 돈의 교환은 판매행위 중 일부에 지나지 않는다. 타인의 시간을 쓰게 하는 것, 타인을 설득해 의사결정에 관여하는 것 그리고 타인에게 무형의 가치를 제공하는 것 모두 판매행위다.

예를 들어 환자는 도수치료를 받으러 시간과 비용을 들여 병원에 내원한다. 물리치료사는 치료 기술을 활용해 환자의 불편한 부분을, 예컨대 통증을 해결해 준다. 그 과정에서 환자를 설득하고, 이해시키고, 올바른 의사결정을 하도록 영향을 미친다. 타인을 이해시키고, 올바른 의사결정을 하도록 돕는 것이라는 부분을 다니엘 핑크의 <파는 것이 인간이다>에서 비판매 세일에 대한 정의를 차용하였다. 이를 조금 더 이야기해 보자면, 물리치료사는 바로 이 비판매 세일즈를 하는 사람이라는 것, 즉 물리적으로 존재하는 것은 시간이 지나면 그 존재가치가 희미해지지만, 시간이 지나면 더 뚜렷하게 존재하는 것들이 있다. 바로 그것은 무형적이며 내구성이 강한 가치가 재화이기 때문이다.

정보 대칭이 만든 변화의 관점에서 본다면 비판매 세일즈의 본질은 설득이다. 말을 물가로 데려갈 수는 있지만 말에게 억지로 물을 먹게 할 수는 없는 것이다. 사실 의사의 말보다 인터넷 검색 결과를 더 신뢰하는 세상이다. 타인에게 건네 들은 정보보다 본인이 직접 찾아낸 정보를 더 가치 있게 생각하는 건 당연한 인간 본능이다. 사람은 남이 알려준 맛집보다는 내가 직접 찾아낸 맛집을 더 선호한다. 의사가 물리치료 처방을 낼 수는 있지만 환자에게 억지로 치료받게 할 수는 없다. 요즘 사람들은 내가 모르는 건 인정해도 내가 틀렸다는 사실은 인정하기 쉽지 않아 한다.

그렇다면 정보 전달은 설득이 아니다. 새로운 것을 접하는 데 있어 인간은 이성적이지 못하다. 백문이 불여일견, 백 마디 말보다 통증이 사라지는 한 번의 경험이 더 임팩트가 있다. 최고의 설득은 환자 본인도 몰랐던 문제점을 발견하고 도움을 주는 것이다. 아픈 허리를 치료하는 데서 끝이 아니라, 허리가 아픈 이유를 찾아내고, 어떻게 하면 통증 없이 일상생활을 할 수 있는지도 해결해 주는 과정에서 신뢰가 쌓이고 설득된다.

물리치료사가 파는 것은 사람이다.

세일즈맨 마인드셋$^{salesman\ mindset}$을 장착하기로 했다면 두 가지 질문을 기억하자. 첫째, 만약 내가 팔려는 것을 고객이 구매한다면 그 사람의 삶이 개선될까? 둘째, 거래가 끝났을 때 세상은 거래 이전보다 더 나은 곳이 될까? 이 두 가지 질문에 하나라도 '아니오'라는 생각이 든다면 다시 리셋 할 필요가 있다. 마음의 중심에 있는 것이 사람인지, 치료라는 목적인지에 대한 균형을 맞추어 보아야 할 것이다.

03. 타인의 마음을 움직이려면 #역지사지가 기본이다

"한번 갔던 가게를 다시 찾는 이유는 그 집의 친절함이 마음에 들어서인 경우가 많지요. 유능하지만 무뚝뚝한 의사보다 함께 걱정하는 친절한 의사를 더 찾게 됩니다."

송정림 작가의 <착해져라, 내 마음> 중에 나오는 이 문장에서 마음의 느낌표로 찾아오는 사람이 있다.

물리치료사의 수다는 환자에게 약이 된다고 생각한다. 환자의 치료에 직접 관여하는 것도 중요하지만 환자가 몸에 아픈 부위의 통증 정도를 함께 느끼고 통증을 해결할 수 있는 솔루션을 제공하는 사람과 충분히 소통했다고 느끼는 데서 오는 안정감이 환자에게 많은 도움이 되기 때문이다.

병은 알리라는 말이 있다. 그리고 자기 몸은 자기 자신이 제일 잘 안다고 하지 않는가? 환자의 고통을 공유하고 정확하게 해소하려면 환자와 적극적으로 소통해야 한다. 가짜 약을 주어도 의사에 대한 믿음이 환자에게 긍정적으로 작용하여 치료에 효과를 가져온다는 플라시보 효과 placebo effect의 맥락에서도 치료사가 환자 자기 몸에 대해 그 통증에 대해 알고자 애쓰는 모습은 무한한 신뢰를 형성한다. 그렇게 맺어진 라포 rapport는 가장 긍정적인 치료 효과를 가져온다는데 깊은 공감을 한다.

전문가의 엄격함도 중요하다. 하지만 동네 지인의 친근함과 가족과 같은 진심 어린 조언은 그저 "술 담배 줄이고 운동 열심히 하세요." 같은 피상적 멘트를 뛰어넘는 확실한 치료적 효과가 있다. 결이 다른 친절함이라고 해두면 좋겠다. 그렇게 우리 두 물리치료사의 수다가 만들어 낸 환자의 변화는 이들이 있는 공간에서 계속되고 있다

그들의 물리치료실에서는 성우처럼 좋은 목소리로 환자를 완전히 매료시키는 사람과 그리 나이가 많아 보이지는 않았지만, 고뇌하는

지식인 같은 스타일이 서로 다른 공간에서 다른 모습으로 존재하고 가장 궁극적인 치유의 솔루션을 위해 다가가는 진심은 같다.

차분한 성격에 조심스럽게 치료가 시작되고 질문이 이어졌다. 이윽고 환자의 위치를 이리저리 바꿔가며 여기저기 살펴보는데 예상했던 답변이 나오질 않을 수 있다.

"여기 만지면 조금 아플 거예요."

"아뇨 안 아픈데요."

"그럼 여긴 아플 거예요."

"아야야 아파요."

환자의 반응은 예측하기 어렵다. 그래도 당황하지 않고 끊임없이 살피고 질문해야 한다. 물리치료는 환자에게 당위성이 성립되어야 치료의 효과가 나타난다. 그러기 위해서는 설득해야 하고 설득하려면 환자가 무엇이 가장 힘든지 알아야 한다.

그래서 환자의 상황을 먼저 생각해야 한다. 왜 병원에 왔을까? 왜 물리치료를 받을까? 만약 내가 환자의 상황이라면 나는 어떻게 했을까? 환자가 가진 진짜 문제는 무엇일까? 치료받는 동안 환자는 무슨 생각을 할까? 내가 환자라면 이 치료에 만족할까? 상대의 입장을 헤아리고 상대의 말을 적극적으로 경청했을 때 설득은 시작된다.

역지사지가 타인의 마음을 움직일 수 있다.

04. 홈런 보다는 #안타

전문가가 인정하는 최고의 의학 전문가, 톰 오브라이언 박사가 쓴 <당신은 뇌를 고칠 수 있다>는 건강과 직결되는 '뇌의 절대적인 중요성'과 '건강한 뇌'를 되찾기 위한 실용적인 꿀팁들이 짜임새 있게 정리되어 있다. 특히 서문에서의 전제가 특히 마음에 와닿았다.

"꾸준히 안타만 쳐도 이긴다."

홈런을 치려고 하기보다는 꾸준한 안타를 목표로 하라는 것, 모든 환자를 다 만족시킬 순 없지만 10명에 7명을 만족시키는 것은 가능하다. 거절이 전제된 디폴트 값이라면 만족 못하는 3명에 연연하지 않게 된다. 긍정적인 면, 만족하는 일곱을 봐라. 실력으로 환자에게 인정받으면 자신감과 확신이 생겨서 나를 믿게 된다.

'꾸준히 안타만 쳐도 이긴다.'는 문구가 임팩트 있게 다가온 이유는 그동안 일상 곳곳에서 작은 실천이 누적되어 눈덩이처럼 커진 결과를 만드는 것을 톡톡히 경험해왔기 때문이다. 결과보다 중요한 건 시작이고 시작이 있어야 눈덩이가 있다. 그래서 시작은 미약할수록 좋다. 아무리 위대한 포부로 의미 있는 결과가 기대된다고 하더라도 시작이 쉽지 않으면 그것은 '허세'로 그친다.

이에 세계적인 권위자 오브라이언 박사가 집필한 몸 건강과 뇌 건강에 관련된 책 <당신은 뇌를 고칠 수 있다>는 정말로 이러한 철학에 철저하게 기반했다고 말할 수 있다. 책의 후반부에는 뇌 건강을 위한 요리 레시피가 나오는데 수록된 레시피 조건의 1순위는 당연히 이것이다.

"만들기 쉬울 것"

아무리 좋은 치료 방법을 보유했다고 한들 환자들이 그 효과성을 이해하지 못하면 무용지물이다. 특히 물리치료는 어떻게 보면 눈에 보이는 효과가 뚜렷이 나타나는 영역이라고 생각하겠지만 정신이 지배하는 부분이 더 크다고 볼 수 있다. 즉 무형의 개념이 존재한다는 말이다. 우리는 철학을 어려워한다. 이는 눈에 보이지 않는 무형의 가치이기 때문에 그렇다.

우리 몸은 과학으로는 다 설명하기 어렵다. 그래서 어떤 공식으로 설명하기에는 그 변수가 너무 다양하기에 무엇보다 본질을 추구해야 한다.

드라마틱한 회복을 기대하기보다 천천히 반보만큼만 나아간다는 마음가짐이 더 중요하다. 그러다 보면 언젠가 홈 플레이트를 밟는다. 모든 베이스를 확실하게 밟고 머무르며 여유롭게 경기를 만끽하는 것도 분명 의미가 있을 것이다.

05. #컨설턴트가 돼라

시중에 떠도는 수많은 정보에는 신호와 소음이 섞여 있다. 유능한 물리치료사는 환자에게 도움이 되는 신호와 전혀 도움이 안 되는 오히려 해가 되는 소음을 구분할 수 있어야 한다. 예를 들어 허리 신전 운동 Back extenstion exercise 을 하는 게 이득인 사람이 있고, 반대로 해가 되는 사람이 있다. 이건 좋고 나쁨의 문제가 아니다. 필요한 사람과 필요하지 않은 사람이 있을 뿐이다. 지금은 범람하는 정보의 홍수 속에서 필요한 정보만을 추려낼 수 있는 큐레이션 Curation 능력이 필요한 세상이다.

"밥이나 먹자, 잠이나 자자, 책이나 읽자."

이처럼 진지하지 못하고 가벼이 던지는 '-이나'라는 표현이 어느 순간 몹시 불편하게 다가왔다. 이 '-이나'라는 표현은 바로 앞에 오는 주어의 주체를 한방에 격하시킨다. 에너지의 근본인 밥이 '-이나'가 되고, 쉼의 근본인 잠이 '-이나'라는 표현으로 밥과 잠이 하찮은 정도의 느낌이 되어 버린다.

대체 불가의 상황에서도 우리는 너무 쉽게 '-이나'를 쏟아낸다. '회사 때려치우고 조그만 커피숍이나 해볼까? 퇴직하면 귀농해서 농사나 지으며 살까?' 도대체 이런 '-이나'는 어디서 오는 망상적 자존감인가 싶다. 인생의 반을 직장인으로 살아온 사람이 '여유'라는 서비스를 제공하는 커피숍과 씨를 심고 잘 키우기 위해 자연과 친화력을 높이고 세심한 관리를 반복해야 하는 농사가 가당하기나 한 소리인가? 현실의 답답함 때문에 묻어 나오는 작은 의식의 흐름이겠지만, 정말 이 업종에 종사하는 분들의 다른 인생을 존중한다면 좀 더 신중하고 진지하게 자신의 인생을 컨설팅하고 실천해 보는 건 어떨까?

06. 물리치료사로 살아가기

"깊이 알수록 단순해진다."

현재 물리치료는 각각의 원리를 담아내기 위한 시스템들이 다양하게 존재한다. 이러한 시스템에서 본질을 파악하게 되면, 그 자체가 다시 물리치료의 원리가 되는 것 같다.

그래서 사실과 본질을 파악하는 것이 중요하다고 생각한다.

치료적 설정에 집중하다 보면, 그 설정의 틀 안에 얽매일 수 있다. 가끔 그 틀을 벗어나면, 미처 놓쳤던 것을 발견할 수도 있다. 누구를 위한 치료인가? 엑스레이나 피검사처럼 방법이나 결과가 명확하면, 근거가 중요하지는 않다. 하지만 물리치료의 방법이나 결과는 치료적 방법에 따라 다양하기에 근거가 있으면 좋다. 이러한 근거로 사용할 수 있는 것은 오로지 논문밖에 없다.

어렵지는 않지만 쉽지도 않은 일이다.

또한 물리치료사는 수용기를 조절하는 사람이라고 생각한다. 이러한 수용기는 몸뿐만 아니라 마음과도 연결되어 있다. 이는 마음 이론이라고 하는데, 마음에 공감하지 못하는 치료는 효과적이지 못하다.

신경계 물리치료의 방법은 결국 하나로 귀결된다. 움직임을 물리적 심리적으로 인지한다. 인지한 움직임을 일상생활에서 수의적으로 사용한다. 즉 체화된 인지라는 것이다.

근육의 결을 이해하면 치료에 도움이 된다.

'시작이 반이다.'라는 말처럼, 환자에 관한 평가만 잘해도 치료는 이미 반 이상 한 것이나 다름없으므로 그리 어렵지 않다고 생각한다. 그리고 신경계 손상에서 평가는 무엇보다 인지에 집중해야 한다. 몰라서 사용하지 않는지? 사용하지 않아서 모르는지?

지금은 서술 인지라고 불리는데, 이런 환자의 이야기도 좀 알아야 한다. 좋은 평가에서 비로소 좋은 적기 치료를 할 수 있다.

"나무만 보고 숲을 보지 못한다."

홀-바디 whole body 라고 물리치료에서 흔히 하는 용어가 있다. 사실, 하늘이 잘 보이지 않을 만큼 나무가 우거진 숲에서 원하는 나무, 즉 핵심 문제를 찾는 것만큼 즐거운 일도 없다.

어쩌면 일종의 보물찾기와 같이 하나씩 찾아보는 것이다. 그렇게 되면 진짜 보물을 찾은 것처럼 환자도 보호자도 치료사도 몹시 기분이 좋아지지 않을까 싶다. 일반적으로는 기능적, 활동적, 참여적인 모든 것을 고려해야 한다면 환자의 참여는 어떻게 해야 하는 걸까?

"기본이 최선이다."

우리는 환자가 쉽게 이해할 수 있는 치료를 제공해야 한다. 기술보다는 개입과 중재가 중요한 이유는 환자가 자기 컨디션을 체크하고 치료를 이해한다면, 불가능이란 없다는 생각에서 기인한다. 이러한 참여는 일상생활이나 사회적 활동으로 연장되어 확장된다.

어딘가에 거점이 생겨난다. 거점을 중심으로 인프라가 형성되고 나면 이를 잇기 위해 길이 생겨난다. 많은 사람이 지나다닐수록 길은 커지고 제반 시설이 복잡할수록 길은 여러 갈래로 뻗기 시작한다. 주요 시설이 안정되고 이후 대부분 길을 만드는 것으로 귀결된다. 거점의 발전이 끝날수록 중요도는 뒤바뀐다. 거점이라는 하나의 지역보다 여러 곳을 연결해 주는 길의 중요성이 부각 되기 시작하는 것이다. 길을 중심으로 세상은 열린다. 그 순간부터 길은 단순한 통로 이상의 의미를 담기 시작한다.

우리 몸에는 뇌와 척수를 총칭하여 '중추신경'이라는 조절 장치가 존재한다. 뇌가 몸의 각 요소를 조절하는 컨트롤 타워의 역할을 한다면 척수는 이 신호를 연결해 주는 중계소 같은 역할을 한다. 단순한 길이라 생각할 수 있지만 '중추'라는 거대한 타이틀이 붙은 만큼 척수는 단순한 길 이상의 의미가 있다. 한 번 다치면 회복되기 쉽지 않을 뿐더러 몸에 씻을 수 없는 장애를 남긴다. 아무리 컨트롤 타워에서 바른 결정을 하더라도 이를 운반할 길이 끊겨 있다면 의미 없는 신호가 된다. 좋은 정보가 올바르게 갈 수 있도록 척수는 길로서 그 역할을 다하고 있다.

척수는 단순히 통로의 역할만 하는 것은 아니다. 길을 오가는 사람을 정리해주는 교통경찰들처럼 척수 자체에도 오가는 신호를 통제해주는 장치들이 있다. 우리 몸에 들어오고 나가는 신호들이 모두 필요하진 않다. 외부에서 들어오는 자극들과 우리 몸에서 자체적으로 조절해주는 신호들이 적절하게 맞물려야 우리 몸은 필요에 따라 알맞게 움직일 수 있다. 그 덕에 우리는 지금 이렇게 생각하는 대로 움직이고 있다.

이렇게 중요한 역할을 하는 척수, 길의 역할을 한다지만 어떤 모습을 하고 있을까? 척수를 상상하려면 계단에 비유하면 쉽다. 수평으로 뻗은 길과는 다르게 계단은 층을 만들어 준다. 층을 형성하게 되면 층별로 필요한 시설이 입점이 되고 이를 필요로 하는 사람들이 찾아가게 된다. 이처럼 척수라는 계단은 각 층으로 필요한 신호를 보내고 이를 선별하여 필요에 맞는 반응을 만들어 낸다. 이와 같은 특성 때문에 척수는 다치게 되면 각 층으로 나타나는 증상이 뚜렷한 편이다. 예를 들어 경추 5번 손상이라 했을 때 이 환자는 팔꿈치를 구부리고 어깨를 움직이는 정도의 움직임 외 다른 동작은 불가능하게 된다. 이와 다르게 요추가 다치게 되면 상체와 골반까지는 큰 이상 없이 동작이 나오나 다리의 동작이 불가능하게 된다. 이처럼 신호가 머리에서부터 어디까지 도달할 수 있는가? 즉 계단이 무너졌을 때 어느 층까지 갈 수 있는가에 따라 환자의 기능이 결정된다.

척수를 다친 환자의 경우 인지는 정상이므로 이 모든 과정을 스스로 견뎌야 한다. 머리로는 움직이려 하고 있으나 몸은 움직이지 않는 견디기 힘든 상황 속에서 이해하기 때문에 더 힘든 과정을 거치게 된다. 생각은 마음을 만들어 내고 마음은 행동을 구현해낸다. 척수를 오가는 것들을 단지 신호로 여길 수도 있지만, 그 안에 담긴 것은 결국 마음이다. 내가 품고 표현을 원하는 것들.

안타깝지만 환자들의 평생소원은 마음에 품은 동작을 자기의 몸으로 표현하는 것이다. 마음이 행동으로 나타나지 않기에 표현될 수 없는 마음이 몸 안에서 맴돈다.

동아프리카의 길에 대한 속담 중 이런 말이 있다.

"길을 잃는다는 것은 곧 길을 알게 된다는 것이다."

우리는 길을 잃어야 그 길을 깨닫는다. 길을 걷는 중임에도 길의 존재를 인식하지 못하듯 하루에도 수만 가지 생각을 전하는 척수라는 길을 우리는 인식하지 못하고 있는지도 모르겠다. 길이 길로서 의미를 갖는 것은 서로를 연결하여 전하기 때문이다. 지금도 마음을 전하는 척수라는 길을 잃어버리기 전에 알아보는 것도 나쁘지 않을 것 같다는 생각이 든다.

　내가 무슨 길을 걷는지 모르고 걷는다면 어디를 향해 가는지 잊게 될지도 모르기에.

07. 다양한 분야와의 만남이 이루어지는 곳

"L2에서 S1까지 EMG 결과 Denervation potential로 인해 Lower extremity의 motor recovery 기대하기 어려워, ADL 증진을 위해 Dynamic sitting balance training을 통한 Independent며..."

17시 일과가 거의 마무리된 시간에 물리치료실. 의사, 물리치료사, 작업치료사, 사회사업팀 등 각 파트의 전문가가 모여 환자와 보호자와 함께 케이스 컨퍼런스를 진행한다. 알아듣기도 힘든 의학용어가 쏟아지는 자리 한가운데에서 당사자는 자신의 이야기를 알아듣지 못한다. 모든 파트의 브리핑을 마친 후, 담낭 교수님께서 전체적인 치료 계획을 요약하여 환자에게 전달하지만, 전체를 이해하지는 못한 듯하다.

회의가 끝나고 모두가 자리를 떠나갔다. 남겨진 건 환자와 보호자, 그리고 그들의 담당 치료사인 나. 지금까지의 상황을 정리하는 듯 말 없이 치료 테이블에서 휠체어로 옮겨 타는 환자의 얼굴에 복잡함이 담겨있다.

"아까 했던 이야기를 다시 한번만 설명해 줄 수 있을까?"

사실 환자분이 원하는 이야기가 무엇인지는 알고 있었다. 다시 걸을 수 있을지에 대한 희망. 이번 회의를 기다려왔던 이유이기도 했다. 그 마음을 알기에 머릿속에서는 최대한 쉽게, 마음을 건드리지 않는 선에서 한 글자 한 글자 단어를 조합해보지만, 차마 입 밖으로 말이 나오지 않는다.

"검사 결과상으로는 다리 근육에서 나타나는 신경 반응이 나타나질 않았어요. 그래서 일단은 서고 걷는 것보다는 휠체어에서 건강하게 생활하는 것에 대해서 우선으로 치료하게 될 것 같아요."

조금 전 컨퍼런스 내용을 환자의 언어로 다시 한번 말씀을 드리지만, 이 정도 문장으로도 전체의 맥락을 이해할 수 있는 분이었다.

　잘 돌려서 이야기했다고 생각했지만, 마음에 와닿는 충격을 완화하기엔 부족했다. 눈가엔 눈물이 차올랐고 한 방울, 두 방울 흘러내렸다. 다음 환자분의 치료 시간이 되었지만, 침묵을 깰 수 없어 눈물이 흐르는 시간을 한참이나 함께했다. 앞으로 걷기 힘들 것이라는 판정을 받게 된 그 날은 유난히도 하늘이 맑은 그런 날이었다.

　급성기 환자들을 치료하다 보면 숙명처럼 받아들여야 하는 순간이 있다. 아무리 현대 의학이 발달했다 한들 사람의 힘으로는 더 이상 해줄 수 없는 것들이 존재한다. 기술이 미치지 못한 곳에 병이 침범하면 이는 이미 사람의 영역이 아니게 된다. 이러한 이유로 모두가 낫고 싶다는 희망으로 병원을 찾지만, 모두가 희망하는 만큼의 회복을 가져갈 수는 없다. 그렇기에 병원은 생사화복의 모든 순간을 담게 된다.

　지금 이 안타까운 소식을 전하게 된 환자는 특별히 필자가 아끼던 분이었다. 늘 환자인 자신보다 치료해주는 내가 힘들까 봐 안 되는 것도 혼자 해보려는 배려와 둘러봐도 아픈 사람들 뿐인 병원에서 언제나 나을 것이라는 희망으로 주위를 밝게 비춰 주시는 분이셨다. 그런 분께 나는 그 희망을 거두어들이는 말을 전해야 했다. 피하고 싶지만 피할 수 없는 그런 숙명과 같은 순간, 우리는 그 순간을 받아들여야만 했다.

환자의 예후를 판단해서 이야기할 수 있는 법적 근거는 의사 선생님께 있다. 즉 의사결정을 하는 것은 의사 선생님이다. 우리는 그 과정을 진행하는 사람들이다. 희망뿐 아니라 절망을 전해야 하는 상황에서 비교적 자유로울 수 있다. 그렇지만 최선의 결과를 내기 위해 많은 것들을 공유하게 된다. 우리 또한 완벽한 자유를 가질 수는 없다. 그날의 그 상황처럼 말이다.

급성기 환자들을 치료하게 되는 일에서 치료라는 테두리 안에서 다양한 기능으로 다른 영역의 사람과 만남이 이루어지지만, 의사결정을 하는 의사나 직접 치료를 하는 다양한 분야의 종사자들은 그 책임의 무게에 경중은 없다.

물론 우리가 만나는 환자는 급성기 환자만이 아니다. 일생을 불편함에 짓누르는 핸디캡으로 힘들어하는 분들, 어느 날 벼락같은 일로 심각한 손상을 입은 분들, 신체적 기능이 언제나 최상의 상태로 유지되어야 하는 운동선수 등 다양한 케이스에서 다양한 분야의 사람들과 이들을 위해 늘 함께 고민한다.

이러한 고민은 더 다양한 경로와 방법으로 환자들과 소통할 수는 있는 방법에 대해 생각하게 했다. 급성기 환자가 아니더라도 생활의 불편함이 있지만 딱히 진단이 뚜렷하지 않거나 무엇보다 수면이나 자세, 노화 등에서 기인한 어려움을 겪는 사람들에게 작은 솔루션을 제공하고 싶다는 생각에 미치게 되었다. 그리고 유튜브 출연에 제의가 왔을 때 이러한 생각에 흔쾌히 수락하게 되었다.

유튜브 채널「굿라이프」'골통의사 윤재웅' 편에서 목, 어깨 통증을 위한 스트레칭과 수면의 질을 위한 수면 방법, 허리통증을 위한 걷기 방법 등을 소개했다. 또 한국장애인개발원 유튜브 채널「당장 만나」'물리치료사' 특집에 출연하게 되어 '장애인 도수치료(볼란스) 체험기'로 콘텐츠를 구축하였다. MBC「기분 좋은 날」에서는 당뇨를 이길 수 있는 하체 근력 키우는 방법을 소개하였다.

이와 같은 경험으로 유튜브 채널「굿라이프」에서 러브콜을 받아 물리치료사 최초로 '성우경의 물리치료사랑'이라는 콘텐츠를 제작하게 되었다. 물리치료라는 프레임을 확장하여 다양한 영역과 조우하며 물리치료의 지평을 넓혀갈 수 있음에 감사한다.

08. 물리치료사, 역할의 정체성

물리치료사의 직업적 본질은 환자들에게 도움을 주는 것이다. 도움을 주는 마음가짐과 관심이 없이는 업무를 수행할 수 없다. 따라서 다른 사람들의 고통을 완화하고 건강을 회복시키는 데 관심과 열정을 가지는 것이 중요하다. 물리치료사는 고통받는 환자와 아픔을 함께 나누며 친절과 정성으로 책무를 다해야 한다.

그렇기에 물리치료사는 다양한 환자와 상호 작용하며 소통해야 한다. 따라서 좋은 인간관계와 커뮤니케이션 능력은 매우 중요하다. 이는 환자들과 원활한 대화, 문제 해결 및 치료 계획 설명에 도움이 되기 때문이다. 치료를 진행할 때는 환자의 대화에 적극적으로 잘 참여하여야 하며 객관적인 정보를 통해서 치료 계획이 달라질 수 있다.

무엇보다 중요한 점은 환자의 과거력, 합병증 등 물리치료를 하기 위해서 크게 참고사항이 될 수 있는 대상이 바로 환자와의 소통이다. 만약 자신의 성격이 인간관계 형성에 어려움, 대화의 공감력을 할 수 없다면 다시 한번 더 물리치료사의 길을 생각해야 할 것이다.

낯선 사람과 대화를 잘 참여할 수 있는가?

상대방에게 먼저 따뜻한 한마디를 건네 볼 수 있는가?

상대방의 대화에 잘 호응할 수 있는가?

그리고 도움을 주려는 기본적인 자세이다.

앞서 기술했듯 물리치료사는 환자들에게 도움을 주는 직업이므로, 도움을 주는 마음가짐과 관심을 가져야 한다. 환자는 몸의 기능이 개선되더라도 계속 도움을 받기를 원한다. 긴 시간 동안 환자와 만날 수 있으며 대면해야 할 일들이 많다. 그래서 내가 지치지 않고 도움을 꾸준히 줄 수 있는 미음기짐이 있다면 이 직업을 오랫동안 할 수 있을 것이다. 또한 환자에게 감사함을 받게 된다면 말로 표현할 수 없을 정도의 성취감을 얻게 될 것이다.

봉사활동을 좋아하는가?

불쌍한 사람들을 보면 도와주기 위해서 나설 수 있는가?

관찰력과 문제 해결 능력이 있는가?

물리치료사는 환자들의 상태를 정확하게 관찰하고 평가하여 치료 계획을 수립해야 한다. 따라서 관찰력과 문제 해결 능력이 필요하다. 환자의 문제를 파악하고, 적절한 치료 방법을 선택하고 조절하는 능력이 필요하다. 예를 들어 뇌졸중 환자를 처음 대면하였을 때 우리는 여러 가지 문제들을 파악할 수 있어야 한다. 보행상태, 기능적인 움직임 확인, 근력 및 관절 가동범위가 어느 정도 되는지 파악해야 하며 특수검사를 통해서 통증 있는 관절 부위를 선택적으로 조사해야 할 필요도 있다. 또한 균형의 점수를 파악하기 위한 검사도 시행하며 검사를 통한 결과표를 바탕으로 문제 해결을 위해서 치료 계획을 작성하여야 한다.

이것이 바로 '임상치료일지 SOAP Note'이다. SOAP Note란 Subjective Objective Assessment Plan이다. 이 항목들을 임상치료일지로 잘 작성하여야 앞으로 치료의 방향을 잘 설계할 수 있고 해결해 나갈 수 있는 발판을 마련하게 된다. 만약 관찰력이 부족하고 문제 해결을 하지 못하는 모습을 보인다면 환자의 신뢰만 아니라 환자 주변의 보호자들에게도 인정받을 수 있는 치료사가 될 수 없을 수도 있다.

임상실습일지를 작성할 때 주관적 정보, 객관적 정보, 평가, 계획 중 무엇이 가장 중요한가? 문제 해결을 위해서 자주 고민하는가?

자신부터 건강한 심신을 가져야 한다. 물리치료사는 환자들을 돕기 위해 신체적인 활동을 해야 한다. 즉, 치료사로서 체력과 건강이 요구될 수 있다. 자신의 건강을 유지하고 향상하기 위한 관심과 노력이 필요하다. 치료사는 몸을 사용하는 일이 많기 때문이다. 도수치료를 하는 물리치료사들은 손목관절, 허리관절 등 관리에 소홀하게 되면 오히려 환자가 될 수 있는 경우도 발생한다. 물리치료사로서 오래 일하기 위해서는 스스로가 체력을 향상해야 하며 끊임없이 운동해서 몸 관리를 해야 할 것이다. 운동을 싫어하는 치료사라면 최소 걷는 운동을 하여 하지의 근력을 향상하는 것을 추천한다. 도수치료, 중추신경계발달치료 외에 전기치료실에서 근무하는 치료사는 크게 몸을 쓰는 일이 많이 요구되지 않지만 서 있거나 침대를 많이 왔다 갔다 하는 일들이 많기에 부위별 통증이 발생한다.

운동을 좋아하는가?

스스로 체력의 한계를 어디까지 느껴보았는가?

만약 당신이 아팠다면 그 아픔을 어떻게 극복하였는가?

극복하지 못한 정신적, 육체적 통증이 있다면 아직 일할 때가 아니다. 늘 배우려는 자세와 구분하지 않는 유연함, 비판적 사고체계를 가져야 한다.

의료 분야는 계속해서 변화하고 발전하는 분야이다. 따라서 물리치료사로서 지속적인 학습과 전문성을 유지해야 한다. 의료 동향을 따라가고 최신 연구 및 치료 기법에 대한 지식을 갱신하는 의지가 필요하다. 요즘 인스타그램, 유튜브에서 물리치료사들이 건강 웰빙 시대에 따라 질환에 따른 운동 방법, 관리법에 대해서 많이 업로드되고 있다. 종종 어떤 운동법이 더 나에게 맞는 것인지 시행착오도 겪을 수 있을 것이다. 필자가 추천하는 물리치료 학습 방법은 치료에 대해 궁금한 것들은 논문을 검색해보며 지식을 쌓아 노트에 기록하는 것이다. 또한 테크닉 물리치료를 원한다면 대한물리치료사협회에서 인증 받은 분과학회에서 먼저 교육 듣는 것을 추천한다.

인체역학, 인체생리학을 좋아하는가?

인체에 대해 호기심이 많은가?

돈을 생각하지 않고 교육에 투자할 수 있는가?

물리치료사는 사회 수요가 넘치며 공급이 점점 부족한 사회적 현상이 나타나고 있다. 물리치료사라는 직업의 단순 일자리의 수가 증가하고 있는 이유는 인구의 고령화로 인한 재활병원 및 요양병원의 수요증가로 인한 일자리의 증가이다. 이에 따라 학교에서는 매년 물리치료학과 정원을 늘리면서, 현재 1년에 5,000명에 달하는 물리치료사를 배출하고 있다. 하지만 우리가 원하는 양질의 일자리는 해마다 줄어들고 있다는 점에서 현재 물리치료의 개념적 정의를 뛰어넘는 다양성과 고유성의 의미를 부여해야 할 때이기도 하다.

"이 책을 집필한 두명의 물리치료사, 성우경, 임우석이 첫번째로
구현해내고 싶은 것은 직업군으로서 '물리치료사'가 아닌,
'가장 나 다운 나'이다.
즉, 어디서나 만날 수 있는 그런 보편적인 개념의 치료사가 아닌
대체불가능성을 포함한 그런 고유한 '사람'이다."

Chapter 2.

슬기로운 물리치료사

Ver. 1&2

09. 두 명의 물리치료사

<격의 시대>의 저자 김진영 씨는 호텔리어지만 병원으로 출근한다. 그는 이렇게 말한다.

"서비스는 인간, 시간, 공간의 세 가지의 '간'에 균형 있어야 한다."

과거에는 서비스가 양이 아닌 질이 중요하다고 말했지만 현재에는 질에서 '격'으로 가야 한다고 말하고 있다.

에스테틱^{esthetic}이란 말을 들어 본 적이 있는가? 에스테틱이란 심미. 미학을 뜻하는 단어로 단순히 뷰티의 개념이 아닌 하나의 '감각'적인 의미로 사용된다. 그리고 그 본질은 테라피스트(관리사)의 손,

즉 '촉각'을 기반으로 한 심미적이고 감각적인 가치를 제공한다는 것을 의미한다.

그렇다면 스파란 말은 들어 본 적이 있는가? 벨기에 도시 스파우에서 유래된 말로 물로 비롯된 건강을 뜻하는 라틴어다. 치유와 힐링의 개념으로 심신의 건강과 아름다움, 신체와 정신의 조화 등을 뜻하는 의미이다. 최근에는 이런 에스테틱의 개념이 호텔 내부로 들어와서 활동하는 것은 스파라고 불리고 있다.

'치유와 힐링' 물리치료의 영역에 가장 어울릴법한 말이다. 진단은 의사가 한다. 그러나 환자의 최근접 위치에서 치료의 행위를 하는 물리치료사가 가져야 하는 최우선의 가치는 고통을 해소하고 건강함을 유지하는 '치유와 힐링'이다. 이 가치를 만들어가는 존재로서 가장 중요한 기둥은 물리치료사로서 자신, 나만의 영역을 만들어가는 것이 아닐까 한다.

생각해보면 궁극적 이타성이 기반이 되어야 하는 직업이기에 그러하며 무엇이 우리를 이타적으로 만드는가에 집중해 보면 보편적인 많은 사람이 아픈 사람에게 갖는 측은함에 있다.

이 책을 집필한 2명의 물리치료사, 성우경, 임우석이 첫 번째로 구현해내고 싶은 것은 직업군으로서 '물리치료사'가 아닌 '가장 나 다운 나'이다. 즉, 어디서나 만날 수 있는 그런 보편적인 개념의 치료사가 아닌 대체 불가능성을 포함한 그런 고유한 '사람'이다.

사람이 문제다.

그리고 사람이 답이다.

많이 들어본 말이다. 어떤 일이든 관계는 우리를 어렵게 만든다. 그래서 나와 너의 관계에서 문제 해결이 이루어진다. 그 '관계'에서 반드시 수반되어야 하는 것은 나와 타인에 대한 이해이다. 항시 아픈 사람, 즉 도움이 필요한 사람과 상호 해야 하는 물리치료사인 이들은 누구보다 나에 대한 이해가 필요한 사람들이다.

그러기 위해 병원 내부에 있는 치료실에서 찾아볼 수 있는 '물리치료사' 이상의 고유한 역할을 만들고자 한다. 바로 각 환자의 고통을 해소해 줄 수 있는 맞춤형으로 검증된 정보를 찾아내고 적용하는 시스템을 구축하는 일이다. 그래서 환자를 만나면 가장 먼저 하는 일은 질문을 하는 것이다. 그리고 그다음 할 일은 그 질문에 자신만의

‘나 다운 대답’을 하는 것이다.

"삶에 지친 당신이 받고 싶은 위로의 메시지는 무엇이며, 정말 당신이 당신답게 산다는 것은 어떤 삶인가?"

"건강한 육체에 건강한 정신이 깃든다."(A sound mind in a sound body)라는 유명한 말이 있다. 사실 이 멘트는 고대 로마 검투사 경기를 보며 유베날리스가 했던 말로 건강한 육체를 가지고 사람들과 서로 싸우고 죽이는 검투 경기를 보며 건강한 육체를 가졌다면 그 힘을 가지고, 보다 의미 있고 가치 있는 일에 몸을 사용하는 의미에서 비판적으로 했던 말이다.

하지만 현대 사회에서 이 말은 그 의미가 직관적으로 반전되어 몸이 건강해야 생각도 건강하다는 의미로 쓰이고 있다. 이처럼 보는 관점에 따라서 의미가 완전히 달라진 문장은 현재를 살아가는 우리가 바로 듣고 알 수 있는 언어로 바뀌었다. 어쩌면 우리의 삶은 이와 같은 더 고차원적인 '격'으로 점차 더 성숙해지는 진화가 보여지는 대목이 아닌가 한다.

10. 삶에 좋은 울림을 주는 물리치료사, 성우경

물리치료사의 의미론적 출발은 모두가 같은 시작이라 생각해도 무방하겠다.

현재 13년 차 물리치료사로서 생활하면서 그 의미에서 또 다른 관점을 가지게 되었다. '마음과 몸은 서로에게 밀접한 영향력을 행사한다는 것' 현재 필자(성우경 이하 '나')는 성우처럼 목소리가 좋은 물리치료사로 불리고 있다. 물리치료사는 특히 환자와 친근하고 긴밀한 소통이 매우 중요하다. 그러기에 좋은 목소리는 환자들에게 안정감을 주는 친화력에 큰 도움이 된다.

나는 대학병원에서 신경계 손상 환자 치료를 공부하면서 임상 치료의 경험을 쌓았다. 다양한 케이스의 환자들과 급성기 및 희귀 질환 환자들을 치료하며 그들과 물리적, 정신적으로 가장 근접한 영역에서 고통에 공감하고 적재적소에 필요한 도움을 줄 수 있는 사람이 바로 물리치료사라는 역할의 정체성을 정립해왔다.

또한 물리치료 분야의 본질적 맥락에서 현재에 안주하지 않고 지평을 넓혀 모두에게 최선인 가치를 실현하고자 현대제철 양궁단에서의 경험을 쌓았다. 나이, 사는 지역, 성향 등 서로 다른 팀원들과 함께 2년이라는 시간 동안 동고동락하며 역지사지 소통 능력을 배울 수 있었다. 선수들과 물리적, 정신적으로 가장 가깝게 소통하고 상호존중할 수 있는 능력으로 그들과 같은 마음으로 든든한 지지기반의 역할을 할 수 있었기에, 험난한 재활 과정을 통해 재기에 성공한 선수도 있었고, 올림픽에서 좋은 성적을 거둔 선수도 있었다.

물리치료사의 역할에서 궁극적으로 중요한 부분은 환자의 신체적 치료만이 아닌 정신적인 관리라고 생각했다. 이는 사람의 정신이 신체를 지배하기 때문이라는 생각이다. 이를 위해 심리상담사 자격증 취득하였고 이를 토대로 환자 이전에 사람을 관찰하고 경청하는 태도를 함양하였으며 내면의 소리에 귀 기울여 심신에 최적화된 관리를 할 수 있게 되었다.

'보난자BONANZA'라는 스터디 소모임을 만들어 선수촌, 호텔, 대학병원에 맞는 다양한 주제 연구를 통해 서로 의논하고 방향을 제시하며 공부해보는 계기가 있었다. 미래는 융합의 시대라고 한다. 이처럼 다양한 영역의 전문가들과 소통하며 공감할 수 있는 경험은 융합의 시너지 효과를 가져올 수 있는 특별한 친화력을 내재할 수 있다.

어찌 보면 물리치료의 영역은 말 그대로 철저하게 보여지는 비주얼적인 영역이다. 그래서 그 효과가 수치나 논리적 입증보다 더 명확히 보인다. 오랫동안 괴롭히던, 시도 때도 없이 찾아오던 통증이 사라지고, 운동기능이 회복되어 팔다리를 자유롭게 사용하게 되는 보여지는 증거 말이다.

이러한 증거들이 경륜을 통해서 채워지면서 우울과 허무 속 현대 사회를 살아가는 우리에게 우선으로 필요한 건강한 신체는 건강한 생각과 정신을 포괄하는 영역으로 정립할 수 있었다.

11. 편안한 경청의 아이콘, 물리치료사, 임우석

필자(임우석 이하 '나')의 미션은 성실과 나눔이다. 비전은 성실한 자기 발전을 통하여 다른 사람에게 긍정적인 역량의 나눔이다.

비전의 의미에 집중하면, 물리치료라는 직업적 소명은 행위로서의 의미를 넘어서는 것이다. 사회의 변화가 빨라지고 높은 삶의 질을 추구하는 만큼 밤하늘 별들이 보이지 않는 이유는 별이 사라지는 것이 아닌 활기차고 바쁜 삶 속에서 우리들의 눈빛은 그 빛을 잃어 별을 찾을 수 없기 때문이 아닌지 생각해 본다.

때로는 우리에게는 휴식만이 아닌 위로와 공감이 필요할 때가 있다. 바쁜 일상 속 어느 때 보다 빛나고 또 공허한 이 삶에서 잠시 밤하늘의 별빛은 찾아볼 수 있는 시간. 오늘도, 아니 지금껏 고생한 사람들이 각자의 눈빛에 담고 있는 별을 찾아볼 수 있는 시간이 되길. 나아가 나의 손길을 통해 위로와 공감의 메시지를 전달하는 질적인 시간 속 마음에 공간의 여유를 누려보는 순간을 제공하고 싶다는 소망이다.

이를 위해 과감히 선택한 물리치료사의 직업적 소명으로 병원이라는 공간 속에서 고통의 순간을 지나고 있는 환자들에게 묻고 싶다. 신체적 고통의 삶 속에서 어떤 위로를 건네야 하는지 이러한 '나눔'을 실천하기 위해서 남에게 베풀 수 있도록 항상 성실한 자기 발전을 위하여 도전을 게을리하지 않았다. 좋은 치료사가 되어 보다 많은 사람을 돕고 싶은 욕심에 배움을 위하여 항상 낮은 자세로 겸손하게 살기 위해 노력하고 있다.

작은 일조차 소홀히 하면서 큰 성공을 바라는 허세와는 거리가 멀어져야 한다고 늘 스스로 되새겼다. 사람들은 대부분 성취와 성과 혹은 성공만을 바라보고 있다. 하지만 그 과정을 보면서 늘 고개를 숙이고 나 자신을 돌아보았다.

남을 존중하는 태도, 즉 나를 최대한 낮추는 것이 겸손이다. 남을 배려하고 존중하며 자신의 헛된 아집과 욕망을 내세우지 않는 것. 이것을 겸손이라 한다. 현대를 사는 우리는 높은 곳에 대한 동경을 가지고 높이 올라 위에서 아래를 내려다보는 그 황홀감을 누리고자 보다 높은 곳으로 가려고 고군분투하고 있다. 하지만 '겸손'이 우리에게 하는 말에 귀 기울여 보자.

지금까지 올바른 삶을 살기 위해 노력해 본 적이 있는지,

다른 누군가에게 상처 준 적은 없는지,

누군가에게 감동과 감응의 메시지를 전달해 본 적이 있는지,

스스로 교만하거나 자만한 적은 없는지,

물리치료사라는 길을 걸으며, 이와 같은 질문을 나에게 늘 던져왔다. 임상에서의 지식을 미리 쌓기 위해서 성실한 자기 발전에 실천을 위한 여정이다.

심장호흡재활의학회, 대한숨재활학회 호흡재활워크숍, 대한중환자재활연구회에 참석하여 급성기 조기 재활을 접하였다. 이같이 내가

관심 있는 분야인 호흡 재활에 관련된 최신 정보들을 얻고 나의 역량을 높이기 위한 노력을 게을리하지 않았으며, 무엇보다 다른 사람에게 긍정적인 역량의 나눔을 실천하기 위하여 노력하였다.

가진 달란트를 잘 활용하여 환자와 보호자에게 필요한 정서적 지원을 위해 심리상담사 자격을 취득하였다. 치료사로서 신체활동에 대한 교육을 전달하기 위해 슬링도수치료 Neurac, 스포츠마사지(1급), 필라테스지도자 자격을 취득하였다. 이러한 활동을 바탕으로 현재 노인들을 위한 운동프로그램인 백세 보감이라는 학습지를 만들어 배포하고 있다.

병원에 입사한 이후 현재까지 백세 건강프로그램을 담당하고 있다. 시립병원으로써 공공성 강화라는 목적으로 관내 노인들을 대상으로 하여 정기적으로 무료 건강강좌를 개최하였다. 그리고 대사증후군 등 관리가 필요한 노인 분들에게 운동프로그램을 통해 나의 역량을 나눠드리고 있다. 프로그램에 참여하신 분들의 긍정적인 반응에 힘입어 전담간호사, 언어치료사, 미술치료사 등과 협업하고 있다. 더 나아가 지역 주민들에게 좋은 반응을 얻었고 학습지 추가 제작 및 유튜브 제작을 하였다.

이와 같은 경륜을 만들기 시작하면서부터 나만의 브랜딩까지 어떤 서적, 어떤 조언을 구한다 한들 정답은 없었다. 부족한 내가 집중했던 것은 '경청'이다. 경청이란 자신의 가치관이나 의견을 밀어붙이는 일 없이 상대가 말하는 내용만이 아니라 표정과 움직임을 포함해 귀를 기울이는 것을 뜻한다.

다시 말해서 내가 어떤 누구이고 무엇을 하는 사람인지가 아니라 다양한 사람들의 다양한 의견을 들어 보는 것이 우선이라 생각했다. 그리고 그 의견을 최대한 있는 그대로를 듣고 받아들이고자 노력하는 것과 또, 수렴하는 과정을 통해 환자들의 니즈와 고통 해소에 반영되었음을 느끼게 하는 노력이다. 그것이 환자들에게 회복과 치유를 구현하고 지평을 넓혀 나갈 수 있으리라 생각했기 때문이다.

12. 무리한 도약이 아닌 천천히 에둘러 가는 길, 성우경

"그냥 그저 그 상황에 맞춰서 그러려니 살아가는 것이 사실은 바뀌지 않는 환경을 굳이 변화시키려 하다가 상처받는 것으로부터 자신을 지키는 것일지도 모른다."

물리치료사로서 삶을 살기 전 그다지 비전도 꿈도 뚜렷하지 않았던 시절, 네팔 단기 선교를 다녀오게 되면서 인생에 대해 진지하게 고민하고 본질을 찾는 본격적인 여정이 시작되었다. 어떻게 살 것인가? 나에 대한 물음이 시작되면서 내가 하고 싶은 것, 살면서 중요하게 여겨지는 것에 대해 천천히 생각하게 되었다. 감사한 일이었다.

그리고 해병대 시절, 어머니께서는 한 달에 2권 책을 보내주셨다. 한 권은 기독교 서적, 다른 한 권은 역사 소설이었다. 기독교 서적은 <꼴지 박사>라는 책이었는데, 누군가의 간증을 통해 간접적으로 신앙의 힘을 경험하게 되었고, 역사 소설은 위인전을 많이 보내주셨다. 아직도 기억나는 것은 '실수' 강감찬 장군에 관한 책과 아브라함 링컨에 관한 전기였고, 어머니의 기도로 위인이 된 계기들이 인상 깊었다.

인생 초기에 네팔 선교를 다녀오고 해병대 자원입대와 전역을 거쳐 인도를 여행하면서 자연스럽게 환경에 순응하지만, 그 속에서 나의 정체성을 정립하고 영향력을 확장하는 것으로 나 자신을 찾아가는 방향을 설정하게 되었다. 그렇게 영어 공부에 매진하며 편입 공부를 하던 중 간호사 친구의 권유로 물리치료사에 대해 알게 되었다.

그리하여 을지대학교 물리치료학과로 편입에 성공하였다. 3학년으로 편입하여 1, 2학년 때 듣지 못한 전공과목을 주야간으로 청강하며 늘 열공모드를 켜두었다. 그러나 최선을 다했지만, 국가고시 불합격의 쓴 고배를 마시기도 했다. 재도전으로 국가고시 합격하고 첫 직장 생활 시작하였다.

지금에 와서 생각해보면 그때는 빛도 보기 싫을 정도로 무척 힘들었지만, 그 실패가 대학병원 입사 타이밍과 누군가를 위해 위로해줄 수 있는 마음을 가질 수 있었던 것 같다.

2012년은 재활의 빌드업을 어떻게 하는 지 10년 동안 배워야 할 것을 압축해서 배웠다고 해도 과언이 아닐 정도로 치료의 스승님을 만난 해였다. 그리고 대학 은사님의 추천으로 노원을지대학교병원에서 계약직을 시작한 때이기도 하다. 그렇게 시작된 대학병원에서 생활이 1년 남짓 되었을 2013년 하반기 우수 친절직원 상을 받게 되었다. 처음으로 내가 찾은 직업에서 좋은 성과를 기념하여 나에게 선물을 주고자 우수 직원상의 상금으로 세계에서 제일 비싼 땅값을 자랑하는 홍콩과 마카오를 여행하게 되었다.

노원을지대학교병원에서의 2년 계약이 종료되고, 지원하는 병원마다 낙방했다. 조급함은 모든 것을 어렵게 만들 수 있으므로 나는 더 여유로움을 보여주고 싶었다. 이때 천천히 에둘러 가는 길을 선택했다. 나의 인생길 여행에 더 풍요로움을 선사했다. 2014년 12월 배낭여행을 준비하여 영국-프랑스-독일-스위스-이탈리아 한 달 일정으로 다녀왔다.

이렇게 나는 인생의 전환점에서 혹은 어떤 목표가 불투명해질 때나 정체성의 혼란이 찾아올 때, 자의든 타의든 여행을 다녀오게 되었다. 여행이 나를 찾고 나의 정체성의 교집합을 만들어가는 데 있어 중요한 요소가 되어 있었다. 어쩌면 우리의 인생 자체가 여행이 아닌가 생각할 때가 있다. 세상이란 곳에 잠시 다니러 왔다고 생각해보자, 무엇을 먼저 할 것인가?

그렇다, 목적지를 정할 것이다. 목적이란 무엇인가? 그 여행의 의미이다. 다시 말해서 무엇을 위한 여행이냐고 묻는다면 나의 삶의 의미와 목적과 그 맥락이 같다고 말할 수 있다. 좋은 음식을 먹고 좋은 장소에서 힐링하는 것, 다양한 사람을 만나고 그들과 교류하면서 타인에 대한 세상에 대한 이해를 넓히는 것, 다른 나라의 문화를 탐방하고 새로운 정서를 교감하는 것, 그저 좋은 풍경을 바라보고 그 안에서 나를 사유하며 끝없이 자신과 조우하는 것, 그 의미를 확장해 나가면 정말 우리네 인생과 그렇게 닮아있을 수 없다.

그래서 굳이 사회적 알람에 맞추어 누군가보다 빨리 달리기 위해 애쓸 필요가 없다. 어디로 무엇을 위해 뛰는지도 모를 삶보다는 내가 무엇을 좋아하고 무엇인가로 행복한지 진정으로 사유하고 있다면, 잠시 멈춰서는 여유는 꼭 챙겨야 할 액션플랜action plan이 아닐까 한다.

바로 여행처럼, 천천히 에둘러 가는 인생이라는 것이다.

그래서 나는 여행을 떠난다. 그곳에서 물 흐르듯 만나고 헤어지는 인연과 많은 스토리를 사랑한다. 그것이 나의 영역을 만들어간다. 따뜻한 목소리를 가진 나, 누군가의 아들, 남편, 아빠, 그리고 삶을 이야기하는 물리치료사로서 교집합들을 만들어 나간다.

사회적인 자아와 경험적 자아, 그리고 원 자아가 충돌하는 것이 아닌 융합과 창의로 새로운 또 하나의 나의 영역을 만들어가고자 한다. 그렇게 꼭 나만의 삶의 의미와 목적을 가지고 내일은 또 어디로 여행해 볼까?

13. 여행에서 만난 삶의 퍼즐조각들

나를 찾아 떠난 네팔

영어 한마디도 못 하던 내가, 비행기도 처음 타보는 내가 어디서 용기가 났는지 모르겠다. 물론 어머니의 강력한 권고가 있긴 했지만 이만한 용기를 내지 않았다면, 지금의 나와는 다른 방향을 바라보는 내가 되어 있지 않을까 생각한다. 그만큼 나의 삶의 가장 궁극적인 의미와 목적에 대해서 큰 방향을 설정해 준 경험이었다.

네팔이라는 나라에 대해 알지도 못한 상태에서 난 무작정 떠났다. 그냥 떠나고 싶었기도 했던 것 같다. 아무도 날 알지 못하는 곳으로 가고 싶었다. 자유롭게 살고 싶었다. 나이가 좀 더 먹으면 용기도 무모함도 더 이상 나에게 허락되지 않을 것 같았다. 그래서 20살이 되던 해 2003년 겨울, 나에게 남아있던 용기와 무모함을 끌어모아 네팔행 비행기에 몸을 실었다.

네팔 카트만두의 여기저기를 들쑤시고 다녔다. 걸어 다니고, 현지 버스도 타고 다니고 툭툭이도 타고 다녔다. 어느 날 오지를 가는 일정이었다. 산 넘고 물 건너 산 꼭대기에 있는 소똥과 진흙으로 만든 집에 방문하여 예배를 드린 적이 있었는데, 다음 날 알고 보니 우리의 방문 소식에 킬러들이 잠입했다는 것이었다. 하지만 예배 속에서 은혜를 받고 그냥 선물만 받고 돌아갔다는 현지인의 간증을 들으며 하나님의 임재도 경험하였었다. 특히 잠이 든 새벽에 소변이 너무 급해 손전등을 찾다가 결국 찾지 못해 밖을 나왔었는데 이상할 정도로 밖에 훤해서 고개를 들어보니 맑게 뜬 머리 크기만 한 별이 있었다. 지금도 그때 본 어둠 속에 크게 뜬 별을 생각할 때면 감동이 밀려온다.

나의 설레었던 20대 초반, 청춘의 시작을 온전히 불사르며 네팔에서 보낼 수 있었다. 물론 봉사도 열심히 했고 나의 존재에 대한 정체성을 느끼면서 오히려 자유를 만끽하고, 눈치 보지 않고, 하고 싶은 것을 마음껏 할 수 있었다. 혼자 사는 작은 집에서 음악을 틀어놓고 온몸으로 춤을 추기도 하고, 정전된 방 안에서 촛불을 켜 놓고 일기도 열심히 썼다.

지난 2023년 11월 네팔 자자르콧과 웨스트 루쿰 지역을 덮친 규모 6.4의 강진으로 150명 이상의 인명 피해가 발생했다. 주민들은 하룻밤 사이에 가족들과 집을 잃었다. 부상자는 수백 명에 이르렀다는 소식에 매우 안타깝고 마음이 아팠다.

인도, 첸나이 '도전의 나라'

첸나이는 거대한 인도 대륙에서도 남쪽에 속하는 타밀나두주의 주도이다. 인도에서 수도인 뉴델리, 발리우드가 태어난 뭄바이, 캘커타에 이어 4번째로 큰 도시이기도 하다. 타밀나두라는 주에 속하기 때문에 이곳 사람들은 인도의 공용어인 힌디어보다 주 언어인 타밀어를 사용한다. 물론 인도는 전 지역에서 영어가 어느 정도 통하기 때문에 꼭 타밀어를 알아야 할 필요는 없다. 힌디어와 영어를 제외하고도 공식적으로 인정받은 공용어가 22개나 되는 곳이 바로 인도이다.

이런저런 이유로 어학연수 차 인도에서 생활하게 되었다. 처음 인도에 대한 주변 사람들의 반응은 반반이었다. 딱한 표정으로 인도에서 어떻게 사냐며 걱정하던 사람들, 반대로 너무나 부럽다며, 마음껏 날개를 펼치고 오라던 사람들, 물론 인도라는 타지의 불안함과 염려는 있었지만, 다행히도 나는 후자에 속하던 터라 인도라는, 그리고 첸나이라는 미지의 도시를 공부하기 시작하며 차근차근 준비했다. 이렇게 영어 공부에 미쳤던 적이 있는가 싶을 정도로 노력하던 시절이었다. 호텔경영에 대한 꿈을 꿨지만, 현실의 고열과 문화차이가 한국으로 복귀하게 하였다. 아직 카스트 제도가 있을 정도로 철두철미한 계급사회를 간접적으로 경험하고 영국식민지였던 지난날이 아직 묻어나오는 생활 풍습에서 느낀 것 중에 그들은 삶을 살아가는데 원동력이 무엇인가에 대한 생각을 하게 되었다.

땅덩이가 거대하고 다양한 인종이 존재하고 수많은 언어를 사용하는 인도인 만큼, 사실 인도는 어떠하다고 정의 내리기가 어렵다. 지역이나 인종, 계층별로 무척이나 다양하고 다른 모습을 가지고 있는 곳이기 때문이다. 나는 남인도에 거주한 덕분에 남인도에서 제법 많은 경험을 할 수 있었는

데, 아주 많은 것들이 일반적으로 우리나라에 알려진 '인도'의 모습과 무척이나 다른 모습이었다. 그리고 북인도를 여행하며 그 이유를 알게 되었다. 인도는 수천 가지의 모습을 가지고 있고, 우리에게 알려진 인도의 모습은 극히 일부분에 불과하다는 것을. 그래서 인도에서 생활하면서 모든 것이 새롭고 신기하고 재미있기만 했다. 물론 황당하고 복장이 터지는 일도 많았지만 말이다.

  마음먹은 대로만 되지 않는 게 인생이긴 하지만, 여행이든, 삶이든, 인도를 떠날 때는 마음을 단단히 준비하는 것처럼 중요한 일은 없다고 생각한다. 초긍정 모드로 무장은 물론이고 말이다. 덕분에 나의 인도, 첸나이 생활의 시작은 꽤 괜찮았던 것 같다!

세계에서 제일 비싼 땅값을 자랑하는 홍콩과 마카오

  내게 홍콩은 왠지 영화 중경삼림의 'California dreaming'이 흘러나올 것 같은 90년대 빽빽한 빌딩 숲과 그 안에 습기 찬 청춘들의 모습이 각인되어 있었다. 홍콩 영화 세대가 아닌 점도 있겠으나, 내 또래라면 으레 보았을 법한 홍콩 영화는 좋아하지 않았고 단지 좋아했던 BGM으로만 파편적으로 기억하는 이미지가 다였다. 드라마를 통해 표현된 시대를 풍미한 홍콩의 배우들도, 한 번쯤 흥얼거릴 법한 노래도 나의 일상과는 거리가 멀었다. 내게 홍콩은 금융의 도시, 최근 들어 중국의 입김이 강해진 도시 정도였다. 구룡반도의 매우 낡은, 디스토피아적 풍경을 덧칠하면 내가 가지고 있는 홍콩에 대한 느낌을 정확히 표현할 수 있겠다. 그러나 홍콩의 풍경을 직캠으로 보며 '세상에 이런 곳은 홍콩 밖에는 없겠다.'라는 생각이 들었다. 좁고 높은 도시, 새로움과 낡은 것이 섞여 있는 도시, 강렬한 색채보다는 콘크리트가 덮고 있는 도시, 긴 시간 자본이 쌓아온 빛과 그만큼의 그림자, 어둠이 섞인 도시, 밤이 되면 더욱 빛나는 도시.

 그곳에서 살아가는 사람들의 출근길 동행과 전통시장 탐방을 통해 날씨가 덥든 춥든 정해진 기준 없이 차려입은 복장이 가장 인상 깊었다. 정해진 규칙 없이 각자의 개성으로 살아가는 사람들을 보며 재활치료도 모든 사람의 입맛에 맞출 수 없듯이 각양각색의 테크닉으로 환자들을 맞이해야 한다고 생각했다. 마카오에서는 호텔 안에 박물관, 쇼핑, 먹거리 등 많은 것을 즐길 수 있도록 규모가 웅장한 것을 보고 앞으로의 세상도 원터치로 의료서비스도 이용하는 세상이 올 거라는 생각을 했다. 홍콩으로 돌아오는 길에서 싱가폴인 가족들과 우연히 합승할 기회가 있었는데, 과감하게 비용을 내며 한국의 정을 나눴던 기억이 있다. 인간의 정은 예상하지 못한 부분에서 마음을 따뜻하게 해준다.

영국 "신사의 나라" GENTLE

영국의 첫인상은 '단정하다.'였다. 영국은 신사의 나라라는 이미지는 이미 식상하다. 그러나 영국은 공기부터 차분했다. 그저 사람만 Gentleman이 아니라는 느낌이었다. 도로, 건물이 모두 Gentle하다.

건물 높이는 한결같고 상점들은 저마다 특색이 있었다. 간판들도 가게의 정체성을 너무 잘 보여준다. 우리나라에도 유럽풍 상점을 모방한 현대식 레트로풍 빵집, 카페들이 생겨나고 있고 필자도 꽤 잘 누리고 있다고 생각했으나, 현지의 분위기를 따라가기에는 아무래도 역부족이다.

　왠지 신사의 이미지가 강한 나라의 여성은 어떨까? 그래서 유모차를 끌면서 담배 피는 아기 엄마가 아직도 기억에 남는다. 무릎까지 오는 검정 에나멜 부츠를 신고 시크^{Chic}하게 회색 코트를 걸친 '차도녀' 느낌이었다. 그 복장과 분위기 그대로 가져가 강남에 데려다 놓아도 알맞을 사람, 아이에게 온 신경을 곤두세우는 모습이 아니라 팔에 가방을 걸치듯, 가볍게, 쿨하게 유모차를 밀고 있었다.

　강렬한 기억이 새겨진 건 또 있었다. 음식이 맛이 없었다. MSG 맛에 익숙한 한국인들은 유럽 식당에서 먹은 음식들을 별로 달가워하지 않을 것 같다. 가장 큰 이유는, 일단 달지 않다. 감칠맛도 없다. 일단 대중적인 맛이면 평균 이상인 것이고 맛이 없지 않으면 그걸로 만족했다.

　우리나라 백반집 가면 김치가 꼭 나오듯, 프렌치프라이는 기본 옵션이다. 영국에서 웬만한 식당에 가면 감자튀김은 기본으로 메인 메뉴와 함께 나왔던 것 같다. 감자의 민족, 유나이티드 킹덤이다.

그러나 정말 인상 깊었던 건 만나는 사람들마다 겸손, 친절함 그리고 살짝만 부딪혀도 'I am sorry.' 가 자동으로 나오는 모습을 보고 배려는 지나칠수록 상대방이 감사함을 느낀다는 사실을 깨닫는다. 그래서 이들에게는 신사의 매너가 뼛속 깊이 장착이 되어 있다는 생각이 들었다.

영국을 여행하며 젠틀맨은 다른 사람과의 관계를 위한 겉모습, 정중한 매너와 예절보다도 인간의 내면세계에 더 관심을 두는 것이라고 정의 내리게 되었다. 그래서 나도 항상 환자들을 먼저 배려하는 자세가 인위적인 것이 아닌 내면에서 우러나오는 품격을 갖추어야 한다고 다짐했다.

인도에서 어학연수 시절 함께 생활했던 그 당시 중학생이었던 동생은 국제학교 진학 후 영국에서 건축 전공으로 대학 유학 중이었다. 한국에 들어올 때마다 만나면 영국에 꼭 놀러 오라는 제안을 받았지만, 직장인들이 늘 그렇듯 장기간 시간을 뺄 수 없어서 거절했었다. 하지만 우리가 꼭 영국에서 축구를 보자는 꿈을 꿔보자고 했었다.

이직할 타이밍이 맞아 영국 여행을 갈 수 있었고 동생과 조우하여 당시 프리미어리그 QPR팀에서 뛰고 있는 윤석영 선수의 경기를 볼 수 있었다.

프랑스 "아름다움, Beautiful이란 이런 것?"

생각했던 것보다 길거리도 지저분하고 노숙하는 사람들도 많아서 이미지가 좋진 않았지만 죽기 전에 꼭 보고 싶었던 에펠탑만 봐도 여독도 풀리고 참으로 아름답고 멋있었다. 프랑스는 영어보다는 불어를 사용하다 보니 독일로 가는 새벽 기차를 타러 갔을 때 내가 타야 하는 개표구를 찾지 못해 추운 겨울에 땀으로 흠뻑 젖을 정도로 당황한 적이 있는데, 그때 마침 불어를 할 줄 아는 영국 신사가 친절하게 안내를 해줘서 겨우 탔던 순간이 기억난다.

여행의 모든 순간이 완벽하게 기쁠 수만은 없지만 결국 다정하고 즐거웠던 때가 오래 기억에 남는다. 여행 중 깃드는 따뜻함은 오롯이 나라는 사람 그 자체를 위한 것이다. '너의 역할과 책임은 벗어 던져도 무방하다.'라는 축복이 선언된 곳에서 나의 경험과 취향과 생각은 그 어느 스펙보다 더 중요한 안주가 된다. 나는 대화와 만남을 거치며 양껏 자유로워지고 깊어지기를 작정하였다.

낯선 곳에서 다른 언어로 여행하는 일이 결코 쉬운 게 아니었다. 그렇지만 누군가에게서 배울 수 있는 것도 전혀 아니다. 사소하지만 결국 내가 스스로 부딪혀야 하고 시행착오와 실패를 통해 습득할 수 있었다. 아주 작은 일이었지만 스스로 해냈다는 성취감에 안도의 눈물을 흘렸었다. 문제는 인생의 어느 부분에서 예고 없이 치고 들어오지만, 분명히 해결 방법은 있다. 그런데 그것은 교과서에 나오지 않은 부분이 더 많다. 바로 인생의 변수!

프랑스는 아름답다고 하던가, 아름다움은 느낌을 설명하는 형용사다. 하지만 퍽이나 개인적인 감정이라는 것이다. 그것을 느끼려면 직접 보아야 한다. 이 여행은 나에게 겪어보지 않고는 알 수 없다는 것을 알게 해주었다. 그래서 여행도 고생도, 나에게 일어나는 뜻밖의 상황도, 직업까지도 인생을 배우는 또 하나의 수단이자 스승이라는 생각을 하게 되었다.

다른 사람들이 예찬했던 프랑스의 아름다움은 일단 다음 기회에 찾아보기로 하고 환자들에게 먼저 통증이 생긴 원인부터 다양한 방법을 동원해서 찾아드리는 것에 집중해 보기로 했다.

독일 "검소하지만 초라하지 않은" THRIFTY & AVING

독일의 깊은 맛을 제대로 볼 수 있는 대표적인 것이 괴테(1749-1832)도 탄복한 라인계곡을 따라 독일 서부의 쾰른에서 출발하여 마인츠까지 라인강변을 따라 이어지는 이른바 라인 낭만 길이다.

이 길을 따라가다 보면 아기자기한 도시와 성 그리고 포도밭이 끝없이 이어진다. 특히 코블렌츠부터 빙엔으로 이어지는 길의 깊은 라인

계곡의 절경은 숨을 멈추게 만든다. 세계적으로 유명한 로렐라이 언덕도 이 길가에 있다. 또한 코블렌츠에 가면 모젤강과 라인강이 합류하는 지점인 독일곶(獨逸串)을 볼 수 있다. 이 길에서 볼 수 있는 유명한 성으로는 마르크부르크가 있다. 안더나흐의 냉수 간헐천의 분수는 세계에서 가장 높이 솟아오른다.

그리고 무엇보다 유명한 맥주 펍에서는 나이, 나라, 성별 무관하게 그 시간을 즐기고 모두가 친구가 되는 모습과 깔끔하게 더치페이하는 모습이 인상 깊었다. 분단국가였기에 현지인들에게 느껴지는 것이며 휴식을 취하는 모습이 기억에 남는다. 게르만족의 우월한 신체조건임에도 불구하고 노약자나 어린아이들을 최우선으로 도와주는 모습에 감동하였다.

나보다 약한 자들, 특히 아픈 환자들을 나보다 먼저라는 생각으로 대하자.

스위스 "놀라운 풍경의 나라" MARVELOUS LANDSCAPE

역시나 자연경관이 엄청난 힐링을 주었고, 자연이 나에게 주는 혜택들이 많다는 것을 깨달았다. 멋진 경치, 깨끗한 거리, 친절한 시민. 이 모든 것이 보여주는 시각이 아름다운 자연을 배경으로 사람들의 생각 자체가 형성될 수 있다고 생각했다.

그리고 비싼 물가도 충분히 상쇄할 수 있었던 잊지 못할 에피소드가 있다. 영국과 마찬가지로 음식에 대한 가성비가 살짝 실망스러웠을 무렵 마지막 떠나는 스위스 기차역에서 정말 인상적인 경험을 했다.

국경을 넘으려고 스위스 화폐 단위인 프랑을 모두 유로로 환전하고 떠날 채비를 했을 때였다. 나는 소시지가 너무 먹고 싶었는데, 돈을 이미 환전해 버린 터라 스위스 돈이 없었다. 그래서 가게 주인에게 유로를 받아 달라고 조르고 있었고, 가게 주인은 완강하게 안 된다고 하는 상황이었다. 그때 내 뒤에서 그 실랑이를 보게 된 나와 비슷한 또래의 여자가 소시지값을 내주었다. 고마운 마음에 '이 빚을 어찌 갚지요?'라고 묻자, 그 여자는 활짝 웃으면서 대답했다.

"너희 나라 사람들은 이렇게 하더라~, 너, 코리안이지?"

정말 돈 주고도 살 수 없는 경험이었다. 그렇게 그 친절했던 여자는 내 인생의 모토를 가르쳐주고 떠났다. 호의는 돌고 돈다는 것. 언젠가 내가 누군가에게 베푼 선행의 대가는 바로 그 사람에게 받게 되는 것이 아니라 다른 이들을 돌고 돌아 세상에 돌아다닐 것이었다. '이 세상에 행복의 씨앗 하나를 뿌리는 것이 세상을 변화시키는 작은 가능성이 될 수도 있지 않을까?'라는 생각이 들었던 사건이었다.

그 스위스에서의 소시지 사건 이후로, 나는 내가 누군가에게 베푸는 호의는 절대 계산할 수 없는 것임을 느꼈다. 기꺼이 받고 그 받은 것을 더 큰 의미로 흘려보낸다면 정말 살만한 세상이 될 것이라는 희망을 느꼈다. 그것은 온전히 세상에 녹아들어 결국 내게 돌아오지 않더라도, 그 누군가를 따뜻하게 할 것이므로.

항상 환자들을 맞이하는 치료실을 좋은 향기와 깔끔하고 정리 정돈된 모습으로 그들에게 내가 받는 숫자적인 대가 보다 더 큰 가치를 느끼고자 한다.

이탈리아 "관계를 중요하게 생각하는 나라" RELATIONSHIP

밀라노-피렌체-베니스-로마

밀라노에서 어렸을 적 교회에서 알게 된 형이 성악으로 유학하고 있었던 터라 오랜만에 SNS으로 연락했더니 아주 반갑게 맞아주었다. 여행객은 늘 배고프다며 중식당에서 아주 배불리 먹을 수 있을 정도의 음식을 대접받았다. 한국에 돌아와 어머니께 형 사정을 알게 되었는데, 유학 생활하며 주야간으로 아르바이트했다고 한다. 힘든 사정이었을 텐데 타국에서 더욱 반가워하며 베풀어준 것이 역시 돈보다도 가치 있는 것은 사람의 정인 것 같다.

피렌체에서는 친퀘레테 마을과 피사를 가는 일정에서 우연히 한국인 동행자 두 분과 함께 시간을 보냈다. 한 분은 대학교수를 퇴직하시고 여행하신 분이었고, 다른 분은 휴가차 오셨다고 했다. 퇴직하시고 오신 분은 여정에 있어 교통에 어려움이 있으셔서 동행해주시길 원하셨고 상대적으로? 젊었던 다른 분과 저는 흔쾌히 수락해서 함께 여행하게 되었다.

기차에서 해 주신 말씀 중에 절대 우물 안의 개구리가 되지 말라고 하신 것이 기억이 난다. 다시 피렌체로 돌아왔을 땐 고맙다며 유명한 티본스테이크와 와인을 대접받은 것이 기억난다. 역시 여행은 계획되지 않은 부분에서 오는 감동이 있는 것 같다. 누군가에게 호의를 베풀거든 그 대가를 바라지 말고, 항상 친절하고 밝게 환자들을 맞이하고 정을 베풀다 보면 감동을 줄 수 있을 것이다.

한국에 돌아오자마자 구인하기 위해 찾아보다 친한 동생이자 이 책의 공동 저자인 임우석에게 연락이 왔다. 현대제철 여자축구단에서 의무 트레이너를 모집하는 것이어서 스포츠팀에서의 의무 트레이너

생활을 꿈꿔왔던 터라 지원하였다. 최종 면접까지 보고 합격 연락받 았는데 남자 양궁단으로 가게 되었다는 소식이었다. 이때부터 한국 양궁선수들과 인연이 시작되었다. 생각지도 못한 영역에서 나의 역량 이 빛을 발하는 순간, 이 세상에서 겪게 되는 모든 것들은 헛된 것이 하나도 없다는 것을 깨달았다. 오늘도 환자들을 좀 더 세심하게 하나 하나 챙기며 치료하겠다고 마음먹는다.

미국, 라스베거스

보이는 모든 것들이 광활하고 크고 넓고 규모가 웅장했던 것 같다. 시차 때문에 엄청나게 고생했지만, 외국에서 펼쳐지는 양궁 경기를 보면서 대한민국 사람이란 자부심이 차올랐고, 통역으로 선수들에게 도움을 줄 수 있어서 행복했다.

  이틀에 걸쳐서 전투적으로 관광도 하였는데, 눈 덮힌 모하비사막, 세계 최대 쇼, 영화 트랜스포머에 나온 후버댐, 세계 4대 쇼 중의 하나인 KA show, 그랜드캐년 등 언제 또 갈지 모르는 장소에서 눈으로 담기엔 턱없이 부족했다. 해가 지기 시작하면 거리는 온통 번쩍이며 무수한 빛을 쏟아내며 호객행위를 한다. 구름다리 위에서 만나는 라스베가스의 야경은 그야말로 불야성이다. 걸으면서 만나게 되는 구경거리들. 그 대표적인 것이 벨라지오 호텔의 분수 쇼이고 트레저 아일랜드 앞에서는 화산 쇼이다. 이 쇼는 조만간 없어진다고 한다(너무 오래되어서…). 2022년 분수 쇼에서 BTS의 곡이 흘러나왔고 보라색으로 도배를 한 것을 뉴스로 보게 되었을 때 가슴에 뿌듯함과 자랑스러움이 가득 채워지며 그때 그 기분으로 돌아갔다. 이것이 여행의 가장 큰 묘미가 아닐까 한다. 다녀온 장소를 다시 접하게 되었을 때 아련한 향수와 그 시절 그 공기의 흐름으로 되돌리는 힘이 있다. 그리고 그때 내게 들어왔던 직업적 소명과 비전을 다시금 다짐하게 된다.

태국, 방콕

두 번을 방문했는데, 겨울에 가다 보니 상대적으로 따뜻한 나라에서의 생활이 매우 낯선 만큼 또 매력적이었다. 이때 결심한 것이 나중에 가정을 이루게 된다면 한 해를 열심히 보내고 연말에는 가족들과 따뜻한 나라에 여행을 와서 마무리하는 것이었다.

모두 알다시피 방콕은 일 년 내내 최고 기온이 32도를 넘는 열대지역이다. 이는 여름이든 겨울이든 더움을 피할 수 없는 곳이라는 이야기다. 피할 수 없으면 즐기라 했던가 어떤 상황이든 마음먹기 나름이다. 내가 자연과 환경을 바꿀 수는 없다면 생각을 바꾸면 된다. 그러면 나의 태도와 반응이 바뀐다.

땀을 흘리는 상황을 피하고 싶다는 생각 자체를 내려놓고, 아예 작정하고 땀을 흘려보는 것도 꽤 상쾌한 일이다. 한겨울에 흘리는 땀이란 참 묘했다.

　아주 간단한 생각의 전환이었을 뿐이지만 여기에서 나는 엄청난 평안을 얻을 수 있었다. 방콕 여행 이후는 내가 땀을 흘리는지도 모르고 있다가 '아 땀이 나네, 닦아야지.' 정도로 넘길 수 있게 되었다.

　더 이상 내 힘으로 어찌할 수 없는 더운 날씨나 흐르는 땀방울에 내 소중한 정신력을 낭비하지 않아도 된다는 사실은 나에게 커다란 관점의 전환을 가져다주었다. 집착을 내려놓음과 동시에 더 중요한 것에 온전히 집중할 수 있게 된 것이다. 눈부시게 파란 하늘, 다정한 고양이의 보드라운 털, 처음 보는 꽃의 코끝을 간질이는 달달한 향기, 그리고 우연히 마주친 낯선 이의 따뜻한 미소가 내 마음에 한 아름 들어온다. 그리고 이렇게 튼튼한 두 다리로 여러 나라를 곳곳을 누비고 다니며 내가 아는 멋진 도시들의 테두리를 조금씩 넓혀갈 수 있음에 감사한다.

　그러나 한 가지 아쉬웠던 점은 어느 나라를 여행하건 마사지를 꼭 받았는데 아무래도 전문 마사지 학교도 있고 워낙 유명한 나라라서 기대했지만 아무리 테크닉이 좋아도 마사지를 하는 사람의 손으로 전달되는 압력이기 때문에 성의 없이 하는 것이 느껴졌다. 물리치료의 개념에서 마사지를 생각해서인지 뭔가 개운하지 않은 느낌을 받았다.

물론 관광객이고 환자라는 생각을 하고 마사지를 하는 것은 아니기 때문이라고 생각하면서 나에게 오는 환자들은 치료 전에 꼭 마음속으로 낫게 해주자는 마음을 되새기고 시작해가겠다는 마음을 먹었다.

〈좌: 2016 리우올림픽 양궁 2관왕 구본찬선수(좌)〉　　　〈우: 2016 리우올림픽 양궁 2관왕 장혜진선수〉

대만, 타이페이와 타이청

오랜 친구와 함께 떠나는 여행이었다. 대만은 맛있는 해외 여행지 중 하나로, 매콤하면서도 시원한 훠거, 달콤하고 시원한 망고 빙수 망삥, 육즙 가득 흘러넘치는 샤오롱빠오, 짭짤하면서도 금방 먹게 되는 닭튀김 지파이, 달콤하고 독특한 땅콩 아이스크림까지 맛볼 수 있다. 특히 우리나라만큼 나트륨을 사용하는 것 같아서 음식의 간이 아주

딱 맞았다. 그래서 식도락들에게는 아주 좋은 여행지일 수 있겠다.

　대만 여행을 더욱 즐겁게 하는 이유 중 하나가 바로 해지고 나면 만날 수 있는 '야시장' 때문이다. 야시장 문화가 발달한 대만에는 '4대 야시장'이 있는데 타이페이 필수 여행코스 중 하나인 '스린야시'를 비롯해 타이페이 라오허제야시, 타이중의 봉갑야시, 까오슝의 육합야시가 그에 속한다.

　무엇보다 좋았던 것은 예전 배낭여행 중 독일에서 만났던 대만인 친구와의 우연한 만남이었다. 그날 이후로 SNS로만 연락을 나누다가 생각지도 못한 환대와 섬김을 받아서 잊지 못할 추억을 만들었다. 역시 정서가 맞는다는 것은 국적과 인종을 뛰어넘는 참 중요한 교감이라는 생각이 들었다. 이처럼 인간의 정은 국적을 막론하고 다 통할 수 있고, 그 따뜻함은 오래오래 간직할 수 있는 것 같다.

신혼여행지, 두바이와 아부다비

두바이가 속해 있는 아랍에미리트 연합국이 탄생한 것은 지난 1971년의 일로 건국 시점으로만 따지자면 이 나라는 불과 50살 남짓 된 젊은 축에 속하는 나라다. 하지만 아랍에미리트가 완전히 무(無)에서 생겨난 것은 아니었다. 하나의 이름으로 국제무대에 데뷔하기 전에도 수도인 아부다비와 대외적으로 가장 널리 알려진 두바이를 포함한 일곱 개의 토후국들이 이 지역을 터전으로 역사를 이어왔기 때문이다.

이같이 구도시와 신도시로 나뉘어 있는 두바이를 여행하게 됐는데, 물론 겉모습이 화려하고 근사한 신도시에서의 여행이 편리하고 안락했지만, 구도시의 역사를 들어보니 역시나 밑바탕이 잘 그려져야 그 위에 무엇인가를 쌓기에 용이하다고 생각했었다.

"과거를 잊은 이는 현재와 미래를 제대로 꾸려갈 수 없습니다. 우리는 과거로부터 교훈을 얻기 때문입니다."

아랍에미리트의 초대 대통령인 '셰이크 자예드 알 나흐얀'이 남긴 말이 왠지 여행 내내 떠오르곤 했다.

즉흥적으로 아부다비까지 가게 되었는데, 북한 식당 옥류관을 찾게 되어 동포의 정을 느끼고 유명한 평양냉면과 개성만두를 먹었다. 평양 현지에서 만든 신혼부부 인형을 선물로 받게 되었다.

역시 세계 1위의 오일머니를 자랑하는 아부다비에 있는 궁전과 페라리 월드 등 자본주의의 끝을 바라보면서 돈을 왜 벌어야 하는지 다시금 생각하게 되었다.

물론 수입이 많으면 많을수록 좋겠지만 어떻게 얼마나 왜 지출하는지 목적을 명확히 해야겠다.

모리셔스

지난 여행지들은 전부 도전적인 나라들을 선택했다면 휴양지는 처음이었다. 멋진 경치, 맛있는 음식 그냥 그저 휴식에만 집중할 수 있어 그야말로 지상 낙원이었다. 영국식민지 생활하다가 프랑스에 다시 빼앗겼지만 결국 해방을 한 나라였다. 나라 전체가 섬나라지만 요새라고 할 정도로 사면이 전부 암초에 둘러싸여서 적의 침투를 막기에 최적화된 나라였다. 아프리카의 보석이라고 할 정도로 사람들의 발길이 닿지 않은 듯한 신비롭고 아름다움을 갖춘 나라. 그야말로 환상적이었다.

베트남, 다낭

장인어른의 환갑기념 및 아내의 태교 여행이었던 다낭.

영국 런던, 이탈리아 로마, 프랑스 파리, 베트남 다낭 중 여행객들이 가장 만족한 도시는 다낭이었다는 의외의 결과는 세계 최고의 공신력을 가진 매거진에서 투표로 알 수 있었다.

그 이유를 분석한 결과는 많은 휴양지와 저렴한 물가, 그리고 맛있는 음식 때문이었다고 한다. 나에게 오는 환자들의 네임밸류와 겉모습으로만 판단하지 말고 그 사람의 속을 들여다보는 안목을 좀 더 키우자. 그것이 바로 만족도를 높이는 지름길인 것 같다.

아인슈타인이 말하는 성공의 법칙

S = X + Y + Z

S = 성공

X = 말을 많이 하지 말 것

Y = 생활을 즐길 것

Z = 한가한 시간을 가질 것

군대 생활할 때 어머니께서 보내주신 <30년 만의 휴식>이라는 책에 나온 아인슈타인의 성공법칙이다. 일보 전진을 위한 후퇴는 사랑하는 사람들과 보내는 시간. 그게 바로 나의 휴식이었다. 비약적인 도약을 꿈꾸지 않으면 어떠한가? 천천히 나의 사람들과 행복한 시간을 가지며 그들의 시선을 따라가 나의 손길이 필요한 곳에 잠시 머물러 풍성한 '격'을 누리면 그만인 것이다.

여러 나라를 여행하면 할수록 계속 확신처럼 드는 생각은,

내가 아는 것이 전부가 아니다.

보이는 것이 전부가 아니다.

항상 겸손하게 살자.

그래서 나는 기회가 있으면 꼭 여행을 마다하지 않는다. 전술한 바와 같이 여행은 잉여의 시간을 보내기 위함이 아니라 인생 계획에 꼭 넣어야 하는 살아가는데 아주 중요한 요소임에 틀림이 없다는 것이다. 물론 개인차는 있을 것이다. 적어도 나에게는 내 직업처럼 마치 섬세하게 고통의 정도를 느끼기 위해 환자의 케이스를 그저 오더로 확인하는 것이 아니라 직접 눈 맞추고 만져보고 질병의 히스토리를 탐구하는 것과 같다.

그렇게 떠나서 직접 여행지의 사람을 만나고 공기를 느끼고 그 속에 깊이 들어가 보는 것, 피부로 느껴보면서 알아가는 것처럼 나의 직업적 소명이든, 아빠 또는 아들로서 그리고 나 자신으로서, 나만의 가치관도 그렇게 정립해 나가고 싶은 것이다.

학창 시절 은사님께서 '후광효과 HALO EFFECT'에 대해서 말씀해주신 것을 기억한다. 'HALO EFFECT'는 후광효과라고 하여 심리학에서 상당히 중요한 주제 중 하나이다. 이 개념은 처음 형성된 긍정적인 인상이 이후의 평가에도 상당한 영향을 미친다는 의미로 쓰인다. 많은 나라를 여행하고, 책을 읽고 다양한 매체를 보고 느낀 경험이 성우경만의 색이 있는 후광효과로 물리치료에 접목했던 것 같다.

물리치료사로서 나에게 오는 다양한 질환의 환자들을 모두 섭렵할 수 있어야 된다고 생각하며 기회가 되는대로 시도하고 도전했던 것 같다. 그래서 나에게 황금 같은 시기에 여러 나라를 여행하면서 넓힌 견문으로 지평을 넓혀 나가는 시도를 하였다. 어디로 달려야 하는지 모르는 채 무조건 달리기만 하는 길이 아닌 천천히 에둘러가면서 내가 원하는 나의 모습을 찾아 고유의 가치가 녹아 있는, 누구도 대체할 수 없는, 성우경이라는 사람이 담겨있는 물리치료사의 지경을 풍성하게 채워갈 수 있으리라 생각한다.

14. 혹독하게 획득한 경험이 슬기롭다, 임우석

걸음마를 하는 아기와 이에 기뻐 울며 춤을 추는 부모들의 모습, 얼마 전 TV광고 속 모습이 문득 떠올랐다.

사람은 수많은 생물 중 걷기까지 가장 오랜 시간이 걸리는 종이다. 정상적인 발달 과정에 놓여 있다면 그 누구라도 누운 자세에서 걷기까지 약 1년이라는 시간이 걸린다. 그리고 빠르고 느림의 차이가 있을 뿐 심각한 핸디캡을 가진 경우를 제외하자면 사람은 누구나 걷는다. 그런데 이 걷기가 감흥의 차이가 있을 뿐 모든 부모에게 감동을 선사하는 이유가 궁금해졌다.

가장 고등하다고 여겨지는 인간이지만 가장 기본적인 행위에 대해서는 오랜 시간을 필요로 한다. 의문이 생기지 않을 수 없다. 몸의 이동이란 결국 안전과 연결된다. 하위 포식자일수록 출생과 동시에 걷게 된다. 그 이유는 상위 포식자로서 자신의 안전을 지켜내야 하기 때문이다. 인간에게는 커다란 몸집이 있는 것도 아니다. 날카로운 발톱도 이빨도 없다. 그저 태어난 순간 목도 가누지 못한 채 소리 질러 울 수 있을 뿐이다. 자기의 몸을 가누기 전까지는 최하위 포식자에 속해 있다고 해도 과언이 아닐 지경이다.

또한 걷기까지 1년이라는 시간은 꼭 필요하다. 왜냐하면 사람은 걸음을 배우는 기간에 뇌의 영향을 가장 많이 받으며 특히 뇌의 구조적 발달이 가장 활발하게 이루어지기 때문이다. 약 1년이라는 시간 덕분에 사람은 2족 보행과 손의 사용이 가능하게 된다.

보행이 일정 부분 자동적 행위임은 맞다. 우리는 걸으면서도 걷는다는 사실을 크게 신경 쓰지 않는 동시에 다양한 행위를 할 수 있기 때문이다. 하지만 사람을 포함해 2족 보행하는 유인원의 보행은 4족 보행하는 포유류와는 다른 점이 있다. 바로 뇌, 특히 대뇌 피질의 영향을 많이 받게 된다. 즉 여타 동물과는 다르게 보행이 단순 반사라는 본능적 산물이 아니며 더 복잡한 프로토콜에 의해 움직이고 있다는 이야기이다. 이처럼 보행은 고차원적 구동 원리의 결과로서 충분한 준비시간이 요구된다.

이와 같은 근거는 걷는 것이 단순한 의미가 아님을 시사한다. 이제 막 일어서서 걷기 시작한 아이의 얼굴을 보면 자신에게 뿌듯함을 감출 수 없는 모습을 발견한다. 역설적으로 이 복잡한 동작이 어떠한 원인으로 인해 망가지게 된다고 가정했을 때 동물 실험과 같이 비교적 간단한 과정으로 움직이는 것들에 비해 되돌리기도 쉽지 않다는 사실로 귀결된다. 그렇다. 단순히 걷는 것이 왜 부모들에게 감동을 선사하며, 우리들의 현장에서 매일 발걸음 하나 떼는 것만으로도 환호하는지 알게 된다. 하루 만보를 걸으면서도 신경 쓰지 않는 그 행위가 누군가에게는 간절하고 절박하다는 것이다. 지금까지 살아오면서 스스로 어떻게 걷는지조차 자각하지 못하던 인간이 그 행위를 잃고 나서야 돌아보며 고치게 되는 것이다.

어떤 사람은 당연한 듯 누리는 건강한 삶, 그 당연함을 처음부터 혹은 어떠한 계기로 인해 잃어버리게 되는 사람도 있다. 그리고 그 절박함 가운데 우리가 누리던 당연했던 것이 얼마나 복잡하고 힘들게 획득된 것인지, 한 걸음을 떼는 아이와 이를 지켜보는 부모의 환호 속에서 발견하게 되었다면, 나는 그 한걸음에 의미를 두는 사람이 되었다. 그래서 더욱 많은 임상과 다양한 케이스를 그냥 지나치지 못하는 물리치료사 임우석이란 사람이 되었다.

물리치료사라는 직업은 사람의 몸의 기능적인 움직임을 본래의 상태로 되돌리는 데 초점을 맞추고 있다. 일상생활에서 할 수 있는 부분들이 많다. 병원에서 노인을 대상으로 하는 강좌를 전담했던 경험으로 노인들과 인터뷰를 자주 하고 의견을 접할 수 있었다. 사람이 노화가 진행됨에 따라 신체적, 정신적 변화가 생겨나고 생활 습관이나 생활양식이 변화되어야 하므로 이를 체계적이고 전문적으로 컨설팅해줄 전문가의 필요성을 느꼈다. 노인성 질환이나 질병에 대한 이해도가 높고, 일상 생활영역의 자세 교정 등과 같은 부분에서 피드백을 줄 수 있는 전문가는 물리치료사가 가장 적합하다고 생각한다. 노인뿐만이 아니라 일상 생활영역에서 위와 같은 생활 습관 개선과 관련된 행동 교정사 같은 분야도 물리치료와 연관된 고리라고 생각된다.

나의 직업적 정체성을 생성하는 데 더욱 중요했던 경험은 보건소를 거쳐서 대학병원에서 근무하게 되면서 보다 다양한 케이스의 환자들과의 만남이다. 그중 잊지 못하는 환자는 스스로 삶의 끈을 놓았던 환자였다. 복합골절로 조각난 뼈를 판과 철사로 고정해서 뼈를 붙이는 과정이라 누워만 있었지만, 나와 8개월 정도 함께 재활을 진행하면서 운이 좋게도 보조기의 도움을 받으면 혼자 걸을 수 있을 정도로 회복이 되었다. 환자의 정서적 지지와 재활 단계에서 작은 목표들을 수행하면서 환자 스스로 자존감도 찾고, 신체의 기능도 회복하게 되면서 물리치료사라는 직업이 한 사람의 인생을 바꿀 수 있는 직업이라는 것을 느꼈다.

15. 멀티 플레이어가 되어야 한다

　　물리치료사는 워낙 많고 다양한 사람들을 만나다 보니 육체적 정신적 노동이 심한 직업이다. 매일 새벽 5시 30분에 기상해 근력운동을 하다 보면 그 시간만큼은 유일하게 하루 중 한가로운 공간에서 혼자만의 시간을 보내며 루틴대로 살았다. 그리고 그 시간에 운동하는 사람들을 보며 '활기'와 '활력'을 얻을 수 있었다. 직장을 다니며 대학원도 다니고 또 다른 일들 하는 것이 벅차고 힘들었지만 꿈이 있으니 미래를 위해 달렸다고 할 정도로 그 순간들을 즐긴 것 같다.

　　물리치료사가 재활병원, 대학병원, 요양병원, 한방병원, 의원, 관공서, 스포츠팀, 관절 척추병원, 운동센터, 학교 강의, 기업 강의, 방송 촬영, 유튜브 촬영, 방문 재활 등 입지가 상당히 넓은 것은 그만큼 보유 역량이 다양해야 함을 뜻한다. 사회적인 인식이 제고되고 많은 물리치료사가 예전보다는 다양한 영역에서 활동하는 것은 아주 좋은 징조이고 앞으로의 행보가 기대된다.

예를 들어 노인복지, 노인을 대상으로 하는 데이케어 사업은 물리치료 영역에서 빼놓을 수 없는 블루오션이다. 유병장수 시대 기대수명은 늘지만, 유병율이 높기에 관리를 철저히 하며 남은 삶을 지내야 한다는 의미이다. 질환에 대한 의학적인 지식과 근골격계 시스템 및 인간공학적 배경지식을 지닌 움직임에 대한 전문가는 물리치료사라는 의견이 지배적이다. 현재 병원을 중심으로 시스템이 구축되어 있지만 병원이 늘어나는 노인인구를 감당할 수 있을 것이라는 생각을 하지 않는다. 이러한 이유로 노인에 대한 케어는 병원이 아닌 커뮤니티를 중심으로 주체가 전환되어야 한다는 생각이다. 보살핌이라는 기능이 가능한 간호사나 물리·작업치료사의 역할이 더욱 중요할 것이다. 노인들이 생각하는 가장 큰 문제는 사회구성원으로서 지위를 유지하는 것인데 커뮤니티 중심에서 노인 간 커뮤니케이션 장소로도 활용될 수 있으며, 재교육을 통하여 과거에 비하여 경제생산 능력이 좋은 노인의 경제활동 능력을 활용하여 제2, 제3의 인생을 살 수 있는 교육의 장으로도 활용될 수 있을 것이다.

또 다른 분야로 신경계 물리치료 영역이 있다. 신경계 물리치료를 하면 치료적으로 신체적 부담이 어느 정도 있게 된다. 기존의 치료를 개선하여 조금 더 효율적인 치료를 적용하고 싶어 최신 치료 방법에 대하여 찾아보니 로봇물리치료라는 분야를 알게 되었고 해당 학회에 가입하여 활동하게 되었다. 로봇물리치료학회 임원으로 활동하면서 로봇물리치료에 대한 연구와 보급을 위하여 대학교에 강의하고 있다. 이와 같은 활동을 통해 저변을 확대할 계획을 세운 만큼 IT영역에서 물리치료의 콜라보는 전혀 어색한 일은 아니다.

이외에도 다양하고 많은 영역과 연관되어 있다. 스포츠는 물론 K-컬쳐를 주도하는 글로벌 기획사들도 각 아티스트의 피지컬과 인성을 위해 다양한 영역의 전문가를 기용하고 적합한 역량을 찾고 있다. 여기에 물리치료사는 이미 필수 영역으로 자리매김하였다. 이 밖에 장애인 체육 선수의 기능적 움직임을 평가하고 선수등급 특성에 맞춘 전략 구현에도 물리치료사의 능력은 중요하다.

또 무엇보다 중요한 부분은 환자와의 관계성이다. 5년 넘게 잠실에 살고 계시는 유방암 환자를 주 1~2회씩 관리해드리고 있다. 실질적인 치료는 컨디셔닝 치료적 마사지, 운동치료, 아로마테라피 그리고 일상적인 대화이다. 환자분과 나이, 성별은 달라도 경계를 넘어선 인격적인 관계로 발전되어 때론 친구처럼, 어머니와 아들처럼 유지하고 있다. 이처럼 각자의 삶에 한 자리로 자리매김하여 영향을 끼치는 것이 환자와 치료사는 영혼의 단짝이라는 생각이 든다.

이를 종합하면 단순한 '물리치료사'라는 영역을 넘어선 그 이상의 사람, 즉 인성적 역량을 갖춘 전문성을 요구한다고 할 수 있다. 이러하니 단군 이래 물리치료사의 역할이 가장 각광 받는 시대에 살고 있다는 말이 나올 정도다. 하지만 아직 의료법상 의사의 지도하에 의료행위를 하는 것이 원칙이라 보험제도를 이용할 수 없고 단독 개원이 안 된다는 아쉬움이 있다.

16. 그러나 번아웃을 간과하면 안된다

물리치료사의 관점에서 인간은 존재가 인식을 규정하는 것이 아니라 인식이 존재를 규정한다고 생각한다. 굳이 자기에게 어떤 인식을 강요할 이유도 없고, 그에 따른 걱정을 할 필요도 없다. 그저 몸과 마음이 보내는 신호에 대해서 귀를 잘 기울이면 될 일이다.

우리는 그것을 찾아내서 적합한 치료 방법을 제시한다. 끊임없이 관찰하고 소통하면서 상대방의 신호를 놓치지 않으려 다양한 분야를 끌어온다. 이쯤 되면 얼마나 많은 에너지와 시간을 소모하는 걸까?

늘 손에서 떠나지 않는 휴대폰의 기능에서 우리가 우선순위로 생각하는 중요한 부분이 배터리의 수명일 것이다. 그만큼 휴대폰이 우리 생활에서 양적인 면이나 질적인 면에서 필수적인 요소가 된 것이다.

  마음과 몸을 관장하는 물리치료사, 물리적으로 보여지는 양적인 영역, 심리적으로 탐구해야 하는 질적인 영역을 끊임없이 순환시키는 이들의 배터리는 어느 정도의 용량이 되어야 할까 생각해 본 적이 있다. 우리는 환자가 회복의 조짐이 보이기 시작하면 쾌속 충전으로 에너지가 꽉 차오른다. 반면 아무리 노력해도 좀처럼 좋아질 기미가 보이지 않거나 최선을 다했지만 좀 서운한 피드백이 온다면 쉽사리 방전되는 위험성도 가지고 있다.

  따라서 번아웃burnout을 부를 정도의 상태가 되기 일쑤라고 할 수 있다. 인간이란 재미있는 존재여서 실제 상태가 아니라 머리속에 '인식'되는 일이 있어야 그 상태를 경험하게 된다. 굳이 번아웃이라는 말을 들어본 적 없고 내가 그 상태인지 생각해보지 않는다면 워커홀릭이나 번아웃을 경험하지 않는 것일까?

  물론 무리해서 일하다 보면 몸도 아프고 마음도 지치기는 한다. 그 상태가 되면 자기의 몸에서 보내는 신호에 따라 조금 늦추고 환기도 하고 운동을 시작하거나 며칠 바람 쐬면 되는 일이다. 이래도 회복되지 않는다면 조금 긴 시간의 회복할 방안을 생각해서 하나씩 차분히 해가면 된다. 그러나 물리치료사라고 해서 자신에게 그만큼의 진단할 여유를 갖기는 쉽지 않다.

  태어나서 기억이 잘 나지 않는 어린 시절 보내고, 학교 다니면서 입시 준비하고, 군대에서 훈련받고, 병원 생활하면서 고달픈 신입 시절을 거치면서 한 번도 탈진상태나 무력감을 느낀 적이 없었다. 그냥 힘들고 피곤한 정도였지 죽을 것 같다는 생각은 해본 적이 없는 사람들도 있다. 어쩌면 그 당시에는 그 자체를 잘 모르고 넘어갔는지도 모른다. 우리는 종종 병원에서 번아웃과 무기력증으로 고통을 호소하는 환자들의 다양한 증상에 대한 임상을 간간이 보아왔다.

  나의 상태를 아는 것과 모르는 것은 정말 큰 차이가 있다. 그리고 더 중요한 것은 나의 상태를 아는 것은 더 어렵다. 이 책의 첫 번째 챕터부터 강조해온 '나를 알자'의 또 하나의 의미로서 중요한 부분이 바로 이 지점이다.

  열두 번째 챕터, '천천히 에둘러 가는 길'의 주제와 그 맥락이 같다고 보면 된다. 계약직 일이 끝나고 여러 가지로 소진된 자신을 여행으로 충전한 필자는 이후 환경과 체력적인 문제라 생각했지만, 시간이 흐르면서 번아웃을 경험했음을 인지하였다. 그리고 어떤 직군에서도 마찬가지겠지만, 특히 물리치료사에게서 번아웃은 환자의 상태와 회복에 상당한 영향을 미치면서도 그들로 얻는 에너지가 매우 크므로 늘 자신에게 질문을 던지며 객관적인 상황을 파악해야 한다.

또 하나 중요한 부분은 자신의 상태에 대한 인지적 평가이다. 번아웃이나 무기력증은 동반적으로 일어나는 것 같지만, 실제로 차이가 있다. 번아웃은 업무나 학업과 같은 지속적인 스트레스와 과로로 인해 발생하며, 업무 환경에서의 압박과 업무 부담으로 인해 신체적, 정신적으로 고갈되어 나타나는 상태를 말한다. 무기력증은 흥미, 감정, 동기부여의 부족으로 인해 나타나는 상태로, 아무런 열정이나 의욕이 없는 상태를 의미한다.

번아웃은 피로, 허무감, 무력감, 감정의 변화, 집중력 감소 등이 나타나며, 무기력증은 감정의 부족, 흥미의 상실, 의욕 감퇴, 사회적인 관계의 소홀 또는 고립, 일상생활의 의욕 감소 등이 나타난다. 번아웃은 휴식, 신체적 활동, 업무나 공부 등의 적절한 활동량 분배, 심리상담 등을 통해 관리할 수 있으며, 무기력증은 적절한 심리치료, 일상생활의 관심 및 참여, 휴식과 적절한 활동을 통한 정서적 회복이 필요하다.

　번아웃과 무기력증에서 벗어나는 것이 생각보다 쉽지 않다. 앞으로의 삶에 많은 영향을 주기 때문에 간과하면 안 되는 부분임에 꼭 이 책에서 다루고 싶기도 했다. 그리고 필자로서도 미약하게나마 느낀 경험적인 경고의 등이 들어오면 그동안 만들어 놓은 루틴을 새로운 환경으로 변화시키려고 노력하고 있다.

　가장 중요한 것은 긍정적인 사고를 갖는 것이다. 넓은 세상을 여유롭게 보며 여행과 휴식도 하면서, 삶의 활력을 높이려 하고 있다. 몸과 마음을 건강하게 만들기 위해 꾸준한 운동도 필요하다. 아리스토텔레스의 '인간은 사회적 동물이다.'라는 말은 물리치료사인 자신만이 아닌 또 다른 자아의 사회적 역할을 되새기며, 서로의 입장에 대해 더욱 관심을 가지고자 한다.

"물리치료사는 여러 분야의 사람들을 만나면서
상대방에 대하여 공감하는 방법을 배우게 된다.
그래서 물리치료사에 적합한 성격으로 책임감과
공감능력이 중요하다.
이런 책임감과 공감능력이 가진 우리에게
물리치료사라는 직업은 천직일 수밖에 없다."

Chapter 3.

최적화된 치료 전략을 세우는 프로

17. 기본에 충실하기에 과함은 없다

현재 종사하고 있는 작업은 물리치료사로서 살아가는 우리 두 사람의 같지만 다른 경험, 생각, 느낌을 글쓰기를 통해 책이라는 텍스트로 구성된 일차적인 콘텐츠를 만들고 있다. 물리치료사라는 직업과 별 관계 없는 글쓰기에 몰입하게 된 이유는 모든 자기 계발의 기본은 글쓰기라 생각하였고, 기본에 충실하기 위해 글을 쓰게 되었다고 할 수 있다.

사람이나 물건이나 가치와 효용을 따지는 고민 끝에 살아남는 것은 결국 넘치지도 모자라지도 않게 자신의 역할에 정체성이 뚜렷할 때이다. 오래도록 사용하는 물건이나, 끝까지 함께하고 싶은 사람은 결국 화려하기보다 기본에 충실하며, 여러 번 봐도 질리지 않고 빛을 발한다는 공통점이 있다. 좋은 물건이나 사람은 언제나 우리를 기분 좋게 만든다.

물리치료사는 늘 사람과 밀접한 상호작용을 해야 하는 직군에 속한다. 그렇다면 누구보다 더욱 그 기본에 충실해야만 하지 않을까 생각해본다.

오래전에 본 영화「허드슨강의 기적」이 기억이 난다. 전무후무한 강 위의 불시착한 여객기에서 155명이라는 인원이 온전히 살아남았다. 기적이라고 불렸고 이 영화는 실화였다.

몇 년 뒤 우리나라 시사 프로그램에서 이 영화를 소재로「기적의 조건」이라는 프로그램을 방영했다. 우리 사회에서 발생할 수 있고 발생했던 참담했던 재난의 순간들이 생각나 영화와 다큐멘터리를 보는 내내 마음이 불편했다. 생존율 0%였던 물 위에 불시착한 비행기에서 일어난 '기적의 조건'은 무엇이었을까? 무엇이 달랐을까?

사실 무엇보다 기장의 역할은 막강했다. 그리고 영화 속에서나 실제로도 매스컴은 앞다투어 기장을 영웅이라 불렀다. 물론 리더십은 중요했다. 그러나 오랜 시간을 지나 다시 본 영화에서는 또 다른 것들이 보이기 시작했다.

기장의 창의적인 판단과 포용적인 리더십, 승무원들의 신뢰를 가진 역할 수행과 침착함, 비행기의 엔진파열 보고와 함께 움직인 사회에서 구동할 수 있는 모든 구조시스템의 가동, 사건 조사위원회의 정확한 원인분석과 얄미울 정도로 비판적 관점의 다양화 그리고 마지막으로 눈길을 사로잡았던 것은, 영화 포스터 속 승객들의 모습이었다.

강 위에 가까스로 떠 있는 비행기의 양 날개 위에 승무원들의 지시에 맞추어 한 명도 패닉 상태를 보이지 않으며 스스로 정신적인 균형을 붙잡고 있는 모습, 승객이라는 역할을 누구보다 훌륭하게 수행하고 있었다. 기장, 승무원, 승객, 구조시스템, 조사위원회 이들의 역할의 균형이 바로 생명을 살리는 기적을 만들어 낸다. 그리고 그 역할의 책임은 누구보다 거룩하거나 유려함을 요구하지 않았다. 그저 자신의 현 상황에서 해야 할 가장 기본적인 것이었다. 적어도 필자는 그렇게 생각한다. 그 기본의 중심에는 책임이라는 이름이 각 역할 속에 공통으로 자리 잡고 있다.

그렇다. 책임감이 강하다는 것과 다른 사람을 편안하게 해줄 수 있는 것은 능력이다. 책임감은 자신이 소속한 집단에서는 항상 주인의식을 가져야 한다는 말과도 같다. 인간은 사회화의 동물이기에 각자 자신의 역할이 부여되고, 각 단체는 개인이 모여 운영된다. 각자 자신의 역할에 소홀할 경우 자신만이 아니라 다른 조직원들에게 피해가 가게 된다. 따라서 우리는 자신에게 맡겨진 역할에 있어서 최선을 다하고자 한다. 바로 그것이 현 의료기술이나 환자의 정신적인 면에서 회의적이라 할지라도 어쩌면 기적을 만들어 낼 수 있기에 오늘도 기본에 충실함에는 과함이 없다고 생각하며 살아간다.

기본에 충실하게 될 때 좋은 사람들과 값진 경험도 의미가 있다. 그렇게 더 나아가 다른 사람을 편안하게 해줄 수 있는 능력을 갖추게 되면 우리의 영역이 더 확장된다. 운동과 사람들을 만나는 것을 좋아하게 되고 그렇게 다양한 소모임 및 프로젝트를 자연스럽게 참여하게 된다. 구성원들의 이야기를 들어주고 의견들을 정리하면서 공감능력과 책임감을 기르게 된다. 이러한 경험은 혼자의 힘이 아닌 많은 사람과 융합할 수 있는 다정한 친화력으로 물리치료사라는 영역에 적합한 역량으로 균형을 이룰 수 있다.

환자와도 마찬가지이다. 경계를 넘어선 인격적인 관계로 발전할 수 있는 이유는 환자와 최근접의 영역에서 아픈 부위를 정도와 차이 그 통증의 형태까지 같이 느끼고 최대한 한 몸처럼 공감해야 하기 때문이다.

이처럼 각자의 삶에서 아주 작은 시간일지라도 아주 밀접하고 세밀하게 영향을 주는 환자와 치료사는 어쩔 수 없는 소울메이트의 영역에 근접할 수 있다.

물리치료사는 여러 분야의 사람들을 만나면서 상대방에 대하여 공감하는 방법을 배우게 된다. 그래서 물리치료사에 적합한 성격으로 책임감과 공감능력이 중요하다. 이런 책임감과 공감능력이 가진 우리에게 물리치료사라는 직업은 천직일 수밖에 없다.

18. 함께하는 영역: 치료사에게 환자란?

 현재 영국에서는 치료가 필요한 시기에 적극적인 치료가 이뤄지지 않아 환자가 통증을 오래 겪어야만 하는 상황이 지속되고 결국 심할 경우 만성통증까지 도달하는 경우를 어렵지 않게 볼 수 있다고 한다. 이 같은 경우, 통증과 질환에만 시야를 두고 환자를 볼 것이냐, 아니면 환자가 갖는 다양한 통증을 유발하는 요소들을 전체적으로 파악하고 조금 더 환자의 일상 및 심리 사회적 환경 등 고려한 전체적인 치료에 시야를 둘 것이냐는 물리치료사의 선택이 된다.

 구조적 문제에 입각한 관점은 이전부터 환자보다는 질환, 질환의 병리생리학 그리고 조직 손상에만 입각한 치료를 제공하는 데에 목적을 두고 있다고 볼 수 있다. 물론, 급성기 질환에서의 효과는 무시할 수 없지만, 처방한 치료가 효과를 보이지 못한다면 그 이유를 설명하는 데에 있어서 큰 어려움을 갖는다.

결국 생체의학 모델은 우리에게 꾸준히 '정답'을 요구하게 된다고 생각한다. 이러한 이유로 수술이나 약물치료에 의존도가 높은 것 같다. 또한 조직이 이미 충분히 치유되었을 만성기 환자들에 있어, 특히 생체의학 모델은 그 한계를 느낄 수밖에 없다.

하지만 물리치료라는 분야 안에서의 환자 치료에 있어, 모든 환자에게 똑같이 적용되는 '정답'이 과연 존재할까? 같은 운동을 해도 그 결과는 환자에 따라 크게 달라질 수 있는 그러한 상황에서 우리에게 '정답'으로 여겨질 치료 및 운동이 과연 뭐가 있을까? 결국 그렇다면, 질환을 넘어서서 환자를 조금 더 넓게 이해하는 것이 중요하다는 것을 느끼게 된다.

환자가 가진 동반 질환들 그리고 환자의 심리적·사회적 상태 및 질환에 대한 오해, 통증 대처 방법, 공포, 우울증, 감정변화, 심지어는 직업, 그리고 일과 재정에서 오는 스트레스까지 생각해보고, 이러한 요소들이 통증을 일으키는 혹은 지속시키는 원인이 될 수도 있지 않은지 질문해 보는 것이 필요하다. 결국 이것이 구조 및 심리적, 사회적 문제들까지 고려한 관점이 변화하는 세상에 구동하는 환자 중심의 케어라는 것을 알 수 있다.

물론, 환자 개개인의 맞춤형 치료도 완벽하진 않다. 그리고 현실적으로 가능한가? 치료해야 할 환자가 이렇게 많은데? 효과가 정말 있긴 한가? 라는 의심을 사기도 한다. 하지만 해외에서 요구하는 물리치료사로서 갖추어야 자질을 이해하는 데에 있어서 신체와 정신을 관장하고 나아가 사회 인지적 측면까지 고려한 물리치료사의 모형은 큰 길잡이가 되어줄 수 있다고 생각한다.

이런 식으로 '나는 어떠한 물리치료사가 될 것인가?'에 대한 질문을 본인 스스로 꾸준히 던져보는 것이 어찌 보면 환자들이 가장 필요로 할 물리치료사가 될 수 있는 가장 기본이 되는 방법이지 않을까? 질환보다는 환자의 고통을 헤아려 환자를 치료하는 사람이고 되고 싶은 마음에 적어본다.

19. 물리치료사는 유망한 직업인가?

 오늘도 물리치료사는 치료실에서 열심히 목소리를 내고 있다. 한 손은 마비 측에, 다른 손은 골반에 손을 얹어 놓고 똑같은 말을 반복하고 있다. 테이블에서 운동을 마치고 걷기 시작한 지 고작 5분이 지났을 뿐인데 천천히 걸으라는 말을 반복해서 한다. 하루에도 몇십 번, 한 달에 몇백 번이다. 너무 강조하다 보니 녹음기에 넣고 치료 시간에 틀어놓을까 하는 생각도 해본 적이 있다.

 뇌를 다쳤거나 척수를 다쳐 마비 증상이 있다면 걸을 수 있다는 것만으로도 예후가 좋은 편에 속한다. 대부분 손상 정도가 경미 하거나 회복이 좋은 편에 속하는 사람들이 걷는 치료를 가능하게 한다. 하루 기본 13명 이상의 환자를 치료하며 걸을 수 있는 환자는 몇 타임이나 될까? 반도 되지 않을 때가 더 많다. 보행 치료는 다른 치료에 비해 많은 치료 기술이 집약적으로 들어가야 한다. 근력, 감각, 손상 부위, 기존의 습관 등 많은 요소를 고려하여 현재 상태에 맞춰 치료가 진행된다. 같은 보행 패턴이라도 다른 원인으로 나타날 수 있으며 각각에 대한 치료는 천차만별로 달라진다.

잘못된 교육은 잘못된 학습으로 이어질 수 있다. 그래서 더욱이 보행은 어려운 치료에 속한다. 그중 환자들이 갖는 대표적인 특징은 걸음이 빨라진다는 점이다. 본인이 빨라진다는 의식도 없이 속도가 빨라진다. 당연히 정상인에 비해 느린 속도이다. 하지만 본인이 낼 수 있는 속도보다 빨라진다고 생각하니 환자와 보호자가 느끼기엔 많이 회복되었다며 좋아한다. 이렇게 기쁜 상황에서 멈추라고 하면, 그들에게는 썩 달가운 요구는 아니다. 그래서 몇 번이고 강조하고, 가려고 하는 몸을 막아선다. 그렇게 나와 환자는 열심히 실랑이한다.

원인은 여러 가지이다. 균형이 무너져서, 마비 측의 힘이 떨어져서, 한 다리로 서는 것이 불가능한 것과 같은 다양한 이유로 이와 같은 현상이 발생한다. 종합해보자면 빨리 걷는 게 아니라 몸이 쏟아지는 현상이라고 보면 된다. 주로 보행 평가도 속도에 대한 평가가 주를 이루다 보니 좋아지는 지표를 속도로 보는 경우가 많다. 숫자는 오류에 빠지게 하는 주범이 되고는 한다. 우리의 역할은 그 오류에서 벗어나게 해야 한다.

우리 몸은 반복되는 과정을 기억하려 한다. 이 과정을 '운동학습'이라고 하는데 주로 소뇌가 주된 역할을 한다. 학습의 과정에서 가장 중요한 건 오류에 대한 수정이다. 소뇌는 하려는 행위와 실제 진행되는 행위를 끊임없이 비교한다. 그 안에서 오류를 발견하면 수정이 일어난다. 그런데 뇌는 수정되지 않는 반복 작업에 대해서만 저장하고 습관이 되는 것이다. 다시 말해 잘못되는 과정이 반복되지 않게 수정해 주는 것이 잘못된 학습이 일어나지 않게 해 준다. 환자들에게 몸에서 일어나는 동작이 오류라는 것을 인식시켜 주기 위해 다양한 방법을 사용한다. 거울을 보여주기도 하고 우리의 손으로 직접 수정시켜 주기도 한다. 인지가 있는 환자라면 충분한 설명을 해주기도 한다. 그렇게 동작에 수정이 이루어졌다면 반복을 통해 학습시켜 주면 된다.

이론을 알았다면 치료에 적용해야 한다. 첫 번째로 해야 하는 일은

'당신은 오류에 빠져 있습니다.'라는 사실을 인지시켜야 한다. 내가 어떻게 걷는지 고민하며 사는 사람은 극히 드물다. 환자들이라고 크게 다르지 않다. 아픈 곳이 생기고 마비가 생기고 나서야 어떻게 걷는지를 고민하게 된다. 평생을 어떻게 걷는지 생각하지 않고 살았던 사람이 고민한다고 해서 정확한 답을 도출해 낸다는 것은 어불성설이다.

사람은 움직이기 쉬운 방법으로 움직이게 된다. 마비 환자의 경우 더욱 그렇다. 답을 모르는 상태에서 쉬운 방법으로 움직인다는 건 틀린 방법으로 가는 지름길이다. 당신이 걸어가는 길이 잘못된 길이라는 사실을 알려주는 것이 치료의 시작이다. 앞서 말한 것과 같이 걷기 시작한 환자들은 몸이 앞으로 쏟아진다. 그 사실을 모른 채 걷는다는 자체에 취해 걷는다. 본인이 절뚝거린다는 사실조차 모르는 경우가 다반사이다. 치료사들이 주로 사용하는 방법은 거울이다.

거울신경이 어떤 역할을 하는지에 대한 현재까지 많은 가설이 제안되었는데, 행동 이해, 모방, 의도 이해, 공감 등 네 가지가 대표적인 기능이다.

거울을 통해 어떻게 걷는지를 보여준다. 자신이 절뚝거린다는 사실을 보며 의아해한다. 만약 거울이 연속되는 모습을 보여주기 어렵다면 영상을 찍어서 보여준다. 영상의 가장 큰 장점은 앞, 옆, 뒤 여러 방향을 보여줄 수 있다는 점이다. 이렇게 문제를 알았다면 드디어 수정할 시간이다.

걸음을 바꾼다는 건 치료 테이블에서부터 모든 과정을 포함한다. 눕고, 앉고, 서고, 걷는 모든 자세에서의 치료가 걸음으로 이어진다. 다만 모든 과정을 설명할 수는 없으니 바로 걷는 과정으로 넘어가겠다. 이건 치료사들 사이에서 이견이 있을 수 있으나 내가 강조하는 점은 천천히 걸어야 한다.

"선생님, 지금도 걸음이 느린데 더 천천히 걸어야 하나요?"

의외로 천천히 걷는다는 것은 어렵다. 평상시 걷는 속도보다 천천히 걸어 보면 쉽지 않다는 것을 느낄 수 있을 것이다. 보행이라는 것은 큰 인지 과정을 필요로 하지 않는다. 쉽게 말해 생각하지 않는 과정이다. 그러나 느리게 걷는다는 사실만으로 생각하게 만들어 준다. 나의 체중이 어디를 지나 어디로 향하고 있는지 생각하게 해 준다. 그 덕에 잘못하고 있는 부분을 고민하게 한다. 걷는다는 신체의 활동뿐 아니라 인지적 사고의 과정을 동시에 하게 되고 이렇게 치료를 이어가다 보면 걷는 모양이 조금씩 자연스러워진다.

앞서 기술했듯 걷는 과정은 생각을 동반하지 않는다. 자연스러운 동작이 반복 가능하다면 해당 동작을 자각하지 않은 상태에서 반복 훈련한다. 어느 정도 치료가 계속하다 보면 모양이 잡히는 시점이 오고 그럴수록 더욱 생각하지 않은 채 걷게 한다. 말을 걸기도 하고 다른 임무를 부여하기도 한다. 차츰 걸을 때 하는 지적을 줄여가며 걷는 시간을 늘린다. 그제야 속도를 내도 말하지 않는다.

우리가 살아가는 과정도 이런 치료와 맞닿아 있는 것만 같다. 모르기 때문에 빨리 가는 것이 중요하다는 생각이 들 때가 많다. 앞으로 쏟아지고 있다는 것도 모른 채 무작정 속도만 높인다. 고민도 하지 않은 채 가는 그 과정을 겪고 나서야 무엇인가 문제가 있음을 알게 된다. 인생은 치료와 다르게 누군가 옆에 붙어 이야기해주지 않는다. 그저 스스로 느끼고 갈 뿐이다. 이런 점에서는 치료가 인생보다 쉽다는 생각이 들기도 한다. 살아가는 동안 이런 사실을 잊더라도 하나는 기억에 남겼으면 한다. 고민하고 느리게 걸어가려 하는 순간이 있어야 우리는 변할 수 있다는 사실을. 조금씩 좋아지는 환자의 걸음처럼 말이다.

그래서 다른 직업도 마찬가지이겠지만,

"물리치료사는 유망한 직업인가요?"라고 묻는다면,

그 유망함이 미래에 꼭 필요한 발전 가능성과 영역의 확장성, 항상성이 그리고 사명과 보람이 있는 의미라면,

"네, 그렇습니다."라고 답할 것이다.

20. 병원 안에서도 밖에서도 물리치료사

법에 명시된 물리치료사의 고유 업무는 다음과 같다.

1) 물리요법적 기능훈련 재활·훈련

2) 기계·기구를 이용한 물리요법적 치료

3) 도수치료: 기구나 약물을 사용하지 않고 손으로 하는 치료

4) 근력(손 근력)·관절 가동범위 검사

5) 마사지

6) 물리요법적 치료에 필요한 기기·약품의 사용·관리

7) 신체 교정 운동

8) 온열·전기·광선·수(水) 치료

9) 물리요법적 교육

법에 공식적으로 명시된 업무는 이러하며 세분화한 업무를 포함하면 더욱 다양해진다.

물리치료사를 영어로 표기하면 'Physical therapy'이다. Physical이라는 단어가 가진 여러 가지 뜻 중에서 '신체'라는 의미로 사용된다. 하지만 한국에 직업이 도입될 당시 Physical을 신체가 아닌 '물리적인'이라는 뜻으로 풀이한 일본식 해석을 그대로 가져와 지금의 물리치료라는 단어가 되어버렸다. 최근에는 Phsiotheraphy로 표기하는 추세이긴 하다. 본고장인 서양 사람이 들으면 재미있어할 수도 있겠다 싶지만 그래서 이름이 직업을 더욱 이해하기 어렵게 만드는 것이 아닐까 생각한다.

사람들에게 '물리치료사입니다.'라는 소개를 건네면 대부분은 아픈 부위를 하나둘 꺼내기 시작한다. 목, 어깨, 허리, 무릎 아픈 곳을 이야기하다 보면 어느덧 나와 함께 있는 사람이 환자로 변모해 간다. 건강하게 보이던 사람들이 우리 직업을 아는 순간 왠지 어딘가 아프다는 느낌이 드는지 환자 코스프레하는 것이 꽤 재미있다. 갑자기 환자가 되어 버린 사람들은 종종 치료실에 방문하고 싶다는 의사를 내비친다. 공과 사를 분별하고 싶고 병원이라는 곳은 정확한 진단을 거쳐 물리치료사를 만나게 되는 시스템이므로 정중하게 거절하게 되는데 일반적으로 보이는 반응이 또 의외이다. 누군가는 친분을 말하고, 누군가는 자신의 직업을 자랑한다. 이런 반응에는 어쩔 수 없이 구체적이고 직접적으로 이야기한다.

 사람들이 환자로서 물리치료사를 병원에서 만나지 않는 것이 좋은 것 아닌가. 물론 허리나 팔다리가 아픈 것도 상당히 불편하다는 점은 안타깝게 생각한다. 그래도 이런 증상의 경중을 다루는 이유는 신경계 물리치료사로 근무하면서 치료실에서 뵙게 되는 분이 뇌졸중, 척수 손상, 암과 같은 중환자실, 수술실을 거쳐온 중증 환자들이라면 물리치료사를 본다는 자체가 이미 죽음의 문턱을 넘어가기 직전까지 다녀왔다는 것을 의미한다. 특히나 대학병원에서 근무할 때는 어느 날 갑자기 상황을 맞이한 초기 환자들이 주를 이루게 된다.

이런 사람들을 주변에서 본 적이 한 번이라도 있다면 알 수 있을 것이다. 이들의 삶이 하루아침에 얼마나 비참한 굴레에 들어갔는지, 불과 수술실에 들어가기 전만 해도 멀쩡했던 몸이었는데, 희망을 품고 병원에 왔건만 이제는 움직이지 못하는 장애를 가지게 되었을 경우, 그 사실을 알게 되었을 때 환자 자신과 그들의 가족이 마주하는 절망을 누가 이해할 수 있을까? 장애를 갖고 재활을 시작했다는 건 끝을 알 수 없는 터널을 들어가기 시작했다는 이야기와 다를 바 없다. 살면서 상상조차 해보지 못한 상황에 어떻게 해야 할지 모르는 채로 의료진과 치료사들을 만난다. 이제 그들이 할 수 있는 것은 그저 지푸라기라도 잡는 심정으로 우리에게 매달리는 것밖에 없다. 장애를 가지고 살아간다는 것을 준비할 수 없었던 만큼 새롭게 적응해야 하는 그들의 삶은 외줄 타기를 걷는 것만큼이나 위태위태하다.

처음에는 그들과 함께해야 한다는 것을 깨달았을 땐 솔직히 무서웠다. 절박한 마음으로 뭔가를 기대하게 해 줄 수 있는 것이 얼마나 될까, 무작정 부딪혀 보기엔 어깨에 짊어지기 너무 무거운 짐이었다. 실력이 더 좋은 선생님을 만났더라면 훨씬 좋은 결과를 볼 수도 있을 것이라는 생각에 도망치고 싶은 마음이 들 때도 허다했다. 그럴수록 무작정 교육을 들으러 다녔고 해줄 수 있는 무언가를 찾으려 했다. 하지만 환자를 만나는 모든 치료마다 고뇌의 연속일 수밖에 없었다. 지금은 조금 나아졌을지 몰라도 10년을 훌쩍 넘긴 시간을 보내고 있는 현재도 환자를 볼 때면 두려움이 함께한다. 나의 치료가 혹 더 안 좋은 영향을 미친다면, 내가 치료하는 이 방향이 맞는 방향인지 조금 더 나은 방향으로 치료를 할 수 있는 방법이 있는지, 치료해야 하는 시간이 다가오면 이런 생각에 휩싸여만 간다. 혹여나 이런 불안함이 그들에게 옮겨질까 괜한 자신감을 내비치며 그들에게 나아갈 뿐이다.

특별한 사명감을 가지고 일한다고 생각하지는 않는다. 남들과 똑같이 월급을 받으며 일하는 한 명의 물리치료사일 뿐이다. 하지만 어쩔 수 없이 누군가의 희망을 건네받으며 삶의 일정 부분을 책임질 수밖에 없는 자리에 있게 되었다. 그렇기에 나의 하루는 그들의 숨소리 하나에, 손동작과 발동작 하나에 예민하게 반응하며 그 누구보다 치열해진다.

"그렇게 오늘도 다른 사람의 삶에 깊이 관여하는 그리고 그 삶의 질을 높이기 위해 늘 치열하게 고민하고 달려가는 병원 안에서도 밖에서도 나는 물리치료사다."

"브랜딩이 가능한 나만의 고유성을 갖추고
세상에 존재감을 뽐내면 그뿐, 누가 알아주고, 못 알아준다고
한들 그다지 중요한 것은 아닐 것이다.
세상에 존재하는 많은 분야의 직군에서 확실한
나만의 영역이 구축되었으니 그보다 더 스스로 빛나는 것은 없을 것이다."

Chapter 4.

행복한 물리치료사 생활

21. 필요충분조건은 연장된 수명이 아닌, 수명연장의 방법과 삶의 질

프로이트는 인간에게 내재 된 어두운 본성을 '죽음본능'이라고 했다. 그는 인간에게는 삶과 죽음의 본능이 있는데, 이 두 개의 대립하는 본능이 인간의 정신을 지배한다고 했다. 그는 인간이 살고 싶다는 생각을 하고 있으면서도, 마음 깊은 곳에서는 끊임없이 죽음을 생각하고 있다는 것이다. 프로이트는 이것을 죽음의 본능 '타나토스'(그리스 신화에 나오는 의인화된 죽음의 신)라고 불렀다. 이 타나토스와 대립하는 것이 '에로스'인데, 새로운 생명을 창조하는 원동력인 동시에 보존과 통합을 추구하는 '생존본능'이다. 인간은 에로스에 이끌려 삶을 영위하고 있으며, 타나토스의 영향을 받아 죽음의 길을 가고 있다.

<단테의 신곡> '지옥' 편에서 지옥문에 새겨진 글귀 '여기 들어오는 자, 모든 희망을 버려라.'가 떠올랐다. 죽음의 그림자가 춤을 추기 시작했다.

세상에서 가장 무겁고, 두려운 단어가 '죽음'이다. 한 번도 겪어보지 못한 경험에 대해서 상상해 본다는 것은 정말 힘들고, 가능하면 피하고 싶다. 나이가 들어가면서 살날보다 죽을 날이 가까워지는 것 때문일까? 삶의 완성이 아직도 진행 중인데, 결말을 내고 싶지는 않다.

에리히 프롬은 '우리는 무엇을 두려워하는 것이 아니라 두려움 자체를 두려워한다.'라고 했다. 이 죽음의 먹이 사슬은 '하나'가 되고자 하는 욕망의 표현이며, 이를 극복하기 위해서 나에게 주어진 모든 것을 내려놓아야 한다. 그러면 참된 자아를 발견할 것이다. 살면서 죽음을 생각하기보다 참된 자아를 발견하면서 행복한 죽음을 맞이하기를 기대해 본다.

건강과 관련한 지혜를 많은 책에서 다루고 있다. 음식이나 수면, 소소한 생활 습관의 영역에서 통제가 가능한 것들은 정도에 따라서는 의지만으로 충분히 실천할 수 있을 것이다. 무병장수의 삶은 인류의 오래된 꿈이다. 그 장수의 목적이 후세에 의미 있는 족적을 남기는 것이라면 삶의 의미를 찾는 것은 무엇보다 중요한 건강의 동기부여가 될 것이다.

의학자 마크 하이먼은 인간의 장수 메커니즘을 연구한 저서를 발간해 다양한 각도로 조명하고 있다. 그는 세계적인 장수지역인 '블루존'을 분석하며 이 지역에서 사는 사람들은 자신의 자리가 어디이며 자신의 목적이 무엇인지 잘 알고 있는 것으로 보았다.

의미와 목적이 그들(블루존 지역 거주자)의 삶을 인도해 준다. 한편, 급박하게 돌아가는 혼란스럽고 단절된 세상에서는 많은 이들이 자신이 가야 할 길을 찾는 데 애를 먹는다. 하지만 그 길을 찾으면 건강하게 살 수 있다.

그렇다면 삶의 목적을 어떻게 찾을 수 있을까? <파도치는 인생에서 다시 길을 찾는 법>의 저자 리처드 라이더는 '재능 + 열정 + 가치 = 목적'이라고 말한다. 좋아하는 것을 찾기 위해 최선을 다하고, 일단 목적을 찾고 나면 그 길을 쭉 따라가면 된다. 사람마다 가야 할 길은 모두 다르다. 하지만 오래 살고 싶다면 잘 먹고 운동하는 것만큼이나 자기 길을 찾는 것도 중요하다. 은퇴 후의 사망률이 증가하는 현상은 우연이 아니다. 단순히 나이가 들었기 때문이 아니다.

예술가들의 삶을 추적해가다 보면 가시밭길을 걷는 경우가 많다. 물론 펠릭스 멘델스존이나 폴 세잔 같이 풍족한 환경에서 비교적 순탄한 길을 걸어간 경우도 적지 않다. 생활 여건을 떠나 위대한 예술가들에게 공통되는 요소는 뚜렷한 의미 부여의 대상이 있었다는 것이다.

프란츠 슈베르트나 반 고흐 같은 예술가들은 곤궁한 삶 속에서도 자신보다 오래 살아남을 작품을 위해 현재를 희생하고 스스로 혹독하게 몰아붙이기도 했다. 칼 구스타프 융은 "의미는 여러 가지, 아니 어쩌면 모든 것을 견딜 수 있게 해 준다. 의미를 만들어 냄으로써 새로운 우주가 탄생한다."라고 했다.

파블로 피카소, 블라디미르 호로비츠, 아르투르 루빈슈타인 같이 장수를 누리며 활동을 한 예술가가 있는 반면에 장 미셸 바스키야나 에곤 쉴레 같이 20대에 삶을 마감한 이도 있다. 단명한 예술가들은 안타깝게도 짧은 삶이 오히려 천재성의 신화를 만들고 위대함으로 가는 사다리가 되어준 건 아닐까 생각해본다.

요절한 예술가의 삶을 보며 그 반짝이는 재능과 열정에 더해 삶의 한시성을 의식하고 건강에 대해 좀 더 균형 잡힌 생각들을 더 가졌더라면 하는 마음은 후세대 사람의 부질없는 바람일 것이다. 어쩌면 폭풍 같은 열정과 천재성에 휩쓸려간 짧은 삶은 보통 사람의 기준에 따른 평균율에 의도적으로 맞추지 않았기 때문인지도 모른다. 작품의 탁월함과 맞바꾼 삶이 그렇게 끝난 것 또한 운명일까? 의미를 찾지 못하고 엿가락처럼 늘어뜨린 긴 삶이 반드시 더 큰 의미가 있다고 말할 수 없듯이, 예술가들이 구축한 거대한 의미의 봉우리들을 돌아보며 작은 의미의 실마리를 고민해 봐야 한다. 그 이유는 우리의 연장된 삶의 질에 미치는 중요한 의미가 있다는 생각이기 때문이다.

20세기 가장 위대한 과학자로 꼽히는 아인슈타인은 천재의 대명사처럼 불리지만 그의 생활 습관은 괴짜 같은 면이 있었다. 그는 샴푸와 린스를 하지 않고 비누만으로 머리와 온몸을 씻었다. 의아해하는 질문에 같은 몸인데 굳이 구분해서 세제를 사용할 필요가 없다는 반문을 했다고 한다. 옷장에는 같은 옷이 10여 벌 있어서 매일 아침 어떤 것을 입을지 고민하지 않아도 되었다. 마치 똑같은 검은 터틀넥 티셔츠를 100여 벌 가지고 있었던 스티브 잡스가 아이슈타인을 벤치마킹한 것 같기도 하다. 대단한 업적을 남긴 이들이기에, 그러나 생활의

루틴도 시간 관리의 이점에 착안했던 것이라면 남긴 업적인지는 생각해 볼 일이다.

현실의 우리는 오늘 점심은 뭐 먹지를 시작으로 무수한 선택에 직면한다. 이런저런 선택의 고민에 정작 중요한 일에 쓸 시간을 빼앗긴다는 생각도 들 것이다. 그러나 분명한 건 우직하게 자신의 방식으로 뭔가를 성취하는 사람들은 남들의 시선이나 선택을 즐기든 그렇지 않든 그리 의식하지 않는다. 그저 자신의 몰입 대상 이외의 부가적인 일에는 무심하거나 우스꽝스러울 정도로 소홀하다. 또 다른 이들의 일거수일투족에 이러쿵저러쿵 품평하는 시간도 아꼈다. 자신의 목표 지점을 위해 침묵하거나 쉬는 것이 에너지를 극대화하는 일이었다.

매년 그렇듯 새해를 시작하면서 주어진 시간을 붙들고 뭔가를 해야 한다고 생각은 하지만 늘 현실의 무게가 양적인 시간으로 만든다. 거인들의 성취를 생각하면 시계 초침 소리는 천둥처럼 요란하고 무겁게 다가온다.

그러나 약간의 관점을 바꿀 필요는 있다. 많은 이들은 아침에 씻고 무슨 옷을 입을지 선택의 고민으로 시간을 제법 쓰게 되지만 그 선택과정을 즐기기도 하면서 취향을 발산하는 것도 나름대로 의미가 있다. 대단한 성취를 위해 촌음을 아끼는 쪽보다는 작은 행복에 탐닉하는 것에 만족하며 사는 것, 대단한 업적을 남기는 것, 이것은 바로 전형적인 이분법적 사고라고 생각한다. 어떤 형태의 삶이든 나 자신에게 의미가 있으면 되지 않을까? 그렇게 사는 삶이 질적으로 충만하게 살아가게 되는 것이다.

그렇다면 질적인 시간의 값을 어떻게 설정할 것인가? 보통 하루에 세끼를 모두 먹기도 하고 어떤 이는 1일 1식을 선택한다. TV시청이나 운동 시간이며 건강과 지성을 다듬는 방식도 다르다. 최적의 값은 자신만의 것이고 그것이 옷처럼 우리 몸에 맞는 것이어야지, 무턱대고 성취도 높은 다른 이들을 따라 할 수는 없는 노릇이다.

30분의 독서, 맨손으로 하는 체조 웬만하면 하루에 30분이나 1시간 정도는 대단한 노력을 들이지 않아도 짜낼 수 있는 시간이다. 최근 발표된 통계에 따르면 13살 이상 한국인 중에 지난해 책을 한 권이라도 읽은 사람은 48.5%에 그쳤다고 한다. 국력은 지력에 비례할 수 있는데 지력의 저하와 지성의 빈곤을 걱정하게 하는 통계다.

이미 많은 이들은 인터넷의 짧은 영상과 제대로 검증되지 않은 지식에 너무 많은 시간을 흘려보낸다. 인스턴트식품처럼 휴대폰을 들고

귀만 열면 그저 편하게 떠먹여 주는 정보에 익숙해져 있다. 긴 호흡으로 깊게 생각하는 힘이나 비판적 사고능력은 양서를 읽고 생각하는 가운데 길러진다.

생전에 자기 경영을 강조한 변화경영 사상가인 구본형은 매일 2시간을 자신을 위한 시간으로 꽉 붙들고 살라고 당부했다. 2시간이 길다면 1시간 정도의 자신을 위한 질적인 시간을 설정해서 연장된 시간을 그저 양적으로 흘려보내지 않는 것이 건강한 수명연장의 꿈이라고 할 수 있다.

현재가 바쁘다고 나 자신에게 쓸 수 있는 시간을 흘려보낸다면 잠재력을 제대로 찾아내지 못하는 삶을 살지도 모른다. 대개 인간의 잠재력은 개발된 것보다 미처 발현하지 못하고 숨어 있는 것이 더 많다. 아인슈타인조차도 죽기 직전에 자기 내부에 묻어 놓은 채 그냥 썩혀버린 것이 너무도 많다고 한탄했다. 앞으로 우리에게 선물 같은 시간을 만든다면 우리가 가진 더 많은 좋은 것들로 나의 분야에서 확실한 존재의 가치를 가지고 100세를 살아갈 수 있을 것이다.

22. 어떤 물리치료사인가?

고대 그리스에서 질량과 화폐의 단위로 쓰였던 '달란트'는 신약성경 마태복음 25장 14~30절에 나오는 유명한 비유로 알려진 말이다. 이제 '탤런트'는 연기자를 가리키는 말로 넓게 쓰이기도 한다. 예체능이나 다양한 재능을 타고나 뚜렷한 고유성이 보이는 분야에서 탁월함을 보여 부와 명예를 어린 나이에 누리기도 한다. 하지만 타고난 것만 같은 이 재능, '달란트'는 누구에게나 내재하고 있다. 어떠한 환경과 상황에서 발현될 수도 있고, 그렇지 않을 수도 있다. 그 환경과 상황은 자신이 만들 수도 없고 극복할 수도 없다. 그저 나만의 고유한 방식으로 반응하는 것뿐이다.

「파이널리스트」와 「크레셴도」는 세계적인 콩쿠르에서 한국의 청년이 우승한 장면을 인상 깊게 볼 수 있는 영화다. 바이올리니스트 임지영과 피아니스트 임윤찬이 수상하는 과정을 다큐멘터리 형식으로 보여주는데 다소 심심한 영화다. 그렇지만 연습에 연습을 거듭하며 악보를 어떻게 소리로 구현할지 고민하는 청년들의 모습, 설렘과 긴장 속에서 경쟁하는 여러 국가의 유망한 청춘들의 노력에서 '달란트'의 의미를 찾을 수 있다.

거의 모든 다큐멘터리는 심심하다. 한 사람의 관점을 따라가며 사실을 담담하게 체크 할 뿐 그 어떤 감회나 평가하지 않기 때문이다. 그러나 우리가 큰 감명을 받는 것도 바로 이 사실이라는 부분이 아닐까 한다. 우리가 영감을 받는 아티스트, 운동선수, 학자, 각 분야의 리더들뿐만 아니라 다양한 사회적인 역할에서 개인이 재능을 찾아 몰입한다. 그리고 자신이 선택하고 몰입했던 그 분야에서 프로가 되어간다. 그렇게 자신의 만족스러운 삶을 영위해 나간다.

그러나 정말 그뿐일까? 나는 나만의 고유한 방식으로 내게 주어진 재능에 충실했을까? 그렇다면 세계적으로 인정받고 있는 청년 아티스트, 스포츠선수 그리고 각 분야에서 빛나는 그들은 뭔가 더 다른 재능을 선사 받아서일까? 감히 아니라고 말하고 싶다. 사회적으로 세계적으로 인정받고 빛나는 족적을 남겨야만 의미가 있는 건 아닐 것이다.

현재는 약간 회의적인 반응도 있으나 예술영역에서는 확실히 NFT에 대한 확실한 '호'가 존재한다. '대체 불가능한 토큰$^{Non\_Fungible\ Token}$'이라는 단어들을 직관하더라도 희소성을 갖는 디지털 자산을 대표하는 토큰이라는 것은 누구나 짐작한다. NFT는 블록체인 기술을 활용하지만, 기존의 가상자산과 달리 디지털 자산에 별도의 고유한 인식 값을 부여하고 있어 상호교환이 불가능하다는 특징이 있다.[1]

이러한 NFT가 가진 고유한 특성인 '원본성'과 '희소성'은 NFT의 투자가치를 끌어올리는 데 결정적인 역할을 한다. 리셀 시장에서 한정판 명품의 가치가 천정부지로 치솟는 것과 같은 원리로 NFT 역시 작품이 가지는 상품성과 스토리의 희소성 등에 따라 높은 수준의 가격대를 형성하곤 한다. 이러한 NFT에 많은 유명인이 매력을 느껴 NFT의 구매에 앞장섰다. 해외의 유명 엔터테이너, 스포츠 스타, 금융인 등이 라바랩스가 출시한 'BAYC$^{The\ Bored\ Ape\ Yacht\ Club}$'와 '크립

---

1. [네이버 지식백과] NFT (시사상식사전, pmg 지식엔진연구소)

토펑크Cryptopunk'를 소유하면서 이들의 가격이 급상승하는데 기여한 것을 알 수 있다.

NFT는 초기 시장이기 때문에 사실 그 가격에 대해서 정확히 측정하기는 어렵다고 할 수 있다. 각 작품이 미래에 더 높은 가격으로 거래가 될지 그렇지 않을지 현재 시점에서는 평가하기 어렵다고 한다. 하지만 중요한 것은 유명인들이 NFT를 자신의 투자와 유명세를 알리는 도구로 사용하고 있고 효과를 보고 있다는 것이고, 예술가들은 NFT를 통해 새로운 메세지을 전달하고 있으며 대중들은 이에 열광하고 있다는 것이다. NFT의 개별적인 가치는 분석하기 어렵지만 NFT가 보유한 가치와 역할은 더 성장하게 될 것으로 예측하고 있다.

그렇다. 굳이 군중이 알아주고 사랑받는 인물일 필요가 있을까? 중요한 건 바로 우리가 속한 분야에서 NFT가 되는 것이다. 브랜딩이 가능한 나만의 고유성을 갖추고 세상에 존재감을 뽐내면 그뿐, 누가 알아주고, 못 알아준다 한들 그다지 중요한 것은 아닐 것이다. 세상에 존재하는 많은 분야의 직군에서 확실한 나만의 영역이 구축되었으니 그보다 더 스스로 빛나는 것은 없을 것이다.

23. 세상과 연결하는 브릿징

지독한 염세주의자였던 서양의 철학자가 다시 서점가에 화제다. 심지어 정치권에도 소환되었다.

쇼펜하우어는 같은 대학에서 강의하고 있었던 헤겔의 인기가 하늘로 치솟을 즈음 자신의 강의에 파리가 날리자 자신의 반려견 이름을 '헤겔'로 짓고 심심하면 발로 차며 괴롭혔다는 우스개도 있다. 유복한 집안에서 자랐지만 아버지의 이른 죽음으로 그의 염세주의와 여성 혐오주의가 강화되었다. 부친 사망신고서의 잉크가 마르기도 전에 모친이 많은 유산을 탕진하며 파티를 즐기는 모습에서 여성에 대한 환멸을 느끼며 평생 독신을 고집했다고 한다.

세상에 대한 근본적 호기심 때문인지 의학도에서 전공을 바꿔 철학도가 되고 동서를 아우르는 방대한 연구로 자신만의 독특한 사상체계를 완성했는데 그 일단을 맛보는 재미가 쏠쏠하다. 다시 꺼내든 먼지 묻은 책들은 쇼펜하우어의 독특한 생각들에 빠져들게 하였다. 특히나 예술 철학적 식견을 음미할 때 공감하는 점이 많았다.

쇼펜하우어는 음악은 세계 자체와 마찬가지로 전체 의지의 즉각적인 객관화이고, 그 자체로는 직접 표상할 수 없는 원본의 모방이라고 했다. 음악학자 보먼은 '이보다 더 야심 찬 음악에 대한 요구는 상상하기 어려울 것'이라고 했다. 이렇게 음악을 모든 예술 장르의 상위에 놓으며 그 미덕을 여러 가지로 기술한 바도 있다.

인간의 능력은 어딘가에 사용되기를 바라고 그 사용의 성과를 어떻게든 보고 싶어 한다. 여기서 가장 큰 만족은 무언가를 '한다'에 대한 관점이다. 바구니를 만들 수도 있고 책을 쓸 수도 있다. 내 손에서 매일 성장하고 마침내 완성에 도달하는 작품을 보면 직접적인 행복을 느낄 수 있다. 이것은 예술품이나 글뿐만 아니라 어떤 작업에도 해당한다. 물론 작품의 수준이 높을수록 향락도 커진다. 이 점에서 가장 행복한 자는 중요하고 위대하며 촘촘한 작업을 수행할 능력을 자각한 재능 있는 사람이다.

『남에게 보여주려고 인생을 낭비하지 마라』

아르투어 쇼펜하우어

　책을 쓰거나 바구니를 만드는 일. 그가 본래 우울한 성격의 소유자이기 때문일 수도 있겠지만 쇼펜하우어와 같이 행복이라는 상태의 기준이 높은 자가 한 말로써 무척이나 신뢰가 가는 말이 아닐 수 없다. 심지어는 위대한 작품을 만드는 자가 '가장 행복한 자'라고 했다. 그가 제시한 행복의 두 가지 방해 요소인 고통과 지루함을 이겨낼 수 있는 일이라는 점에서 꽤 일리가 있다. 무언가를 만드는 일은 그것을 진행하고 있는 순간 능력을 발휘하여 집중하게 만든다. 그리고 그것이 끝나고 나서도, 흠이 없고 장점을 살린 더 나은 결과물을 향한 의지가 저절로 생긴다면 그것에 몰입하는 일은 인생 전반에 걸쳐 계속될 것이다. 또한 쇼펜하우어는 살아가면서 세상은 그러한 '작품'을 만드는 데 필요한 재료를 담고 있기에 세상을 바라보는 우리이 '이제저인 관심'이 발전하게 될 것이라 말한다. 그러한 재료들을 모으는 데 집중하고, 바라보고, 생각하고, 이야기하면서 일단의 지루함이라는 문제가 해결되고 세상에 대한 순수한 열정과 호기심을 키워나갈 수 있다.

또한 쇼펜하우어는 작품을 만드는 사람들은 '일반적이고 의지적인 측면의 지성' 이외에 사물을 객관적으로 이해하기 위한 또 다른 지성을 지니게 된다고 설명한다. 당장 하루를 먹고 살아가는 소시민이 아니라 관찰자의 시선으로 세상을 바라볼 수 있다는 말로, 쇼펜하우어의 표현에 따르면 세상이라는 무대에서 '배우'만이 아닌 '관객'으로서의 역할도 맡게 된다는 뜻이다. 공연에 가보면 가끔 무대에 서는 사람들이 관객들을 부러워한다고 말하는 것을 듣는다. 무대에 서는 내가 주인공이 아니라 관객들이 주인공이라고 말한다. 우리도 관객의 자리에서 여러 번 봐야 언젠가는 위대한 작품의 한가운데 있게 된다는 생각의 끈을 연결한다면 그것은 환자의 관점에서 바라볼 수 있는 여유를 가져야 한다는 것에 도달한다.

나만이 구현할 수 있는 물리치료사로서 가져야 하는 중요한 덕목은 무엇인가를 생각해보게 되었을 때 늘 언제나 답은 환자에게 있었다. 물리치료사로서 사명감은 내게 오는 환자는 질환을 막론하고 전부 치료할 수 있어야 된다고 생각했다. 인간은 누구나 자생능력이 있어서 그 어떤 통증에서도 해방될 수 있겠지만 그 기간을 단축하는 것이 나의 역할이라고 생각한다. 하지만 환자들의 욕구를 정확하게 파악하지 못한다면 치료에 대한 의미가 없기에 라포^{rapport}형성을 통해 신뢰를 쌓는 것을 중요하게 생각한다.

모든 사람이 해부학적으로는 같을지 몰라도 움직임은 다르다.

안정성 안에서의 움직임을 모토로 삼아 통증 부위에서 가장 먼 곳과 반대쪽부터 체크 하는데, 특히 물리치료사로서 노하우를 통해서 만든 진단 및 평가법으로 통증 원인을 찾아낸다. 큰 관절(어깨관절, 고관절)의 움직임이 원활하게 움직이면 작은 관절(어깨관절 : 주관절, 손목관절 / 고관절 : 무릎관절, 발목관절)들의 기능적인 움직임들을 자동으로 나온다는 이론에 기반하여 치료에 임하고 있다.

그리고 그 환자의 직업, 성향, 성별, 나이, 가정환경, 가족관계, 가족력, 지남력$^{past\ history}$ 등을 고려해서 통증을 조절하고 움직임을 개선하기 위해 SNS와 같은 소통의 창구를 계속해서 마련하여 끊임없는 소통을 이어가려고 노력한다. 그것이 세상과 연결되는 통로로 물리치료사를 필요로 하는 사람에게 접근성을 높이는 길이기도 하다.

24. 트렌드를 뛰어넘어 브랜딩을 하는 치료사

악기는 왜 비쌀까? '예술'이라는 환상과 허울 속에서 생기는 거품일 뿐일까?

악기가 비싼 이유에는 다양한 이유를 들 수 있다. 그 첫 번째는 악기의 대부분을 구성하는 목재 때문이라 말할 수 있다. 목재라는 자재의 특성은 온도와 습도에 따라 팽창과 수축한다는 점이며, 목재의 종류, 생산 지역과 건조 상태 등은 그 목재를 기반으로 만들어지는 악기의 완성도에 결정적인 역할을 하기에 하이엔드 악기는 완전한 자동화 과정이 불가능하다.

그렇기에 목재가 정제되는 과정에서 미세한 변화를 알아채고, 그 차이를 줄이는 것은 사람의 노동력, 그것도 고급인력의 '능력'이 필요하다는 말이다. 다시 말해서 목재의 종류와 수급지역을 선정하는 것부터, 어떻게 목재를 건조 및 관리하는가 그리고 그 과정을 소히 '장인'이 얼마나 많이 관여하는가에 따라 하이엔드 악기라 말할 수 있는 퀄리티의 기본 기반을 만들어 내는 것이라 할 수 있다.

악기를 구성하는 것은 목재뿐이 아니다. '일렉기타'를 예로 들어본다면, 목재를 기반으로 픽업과 프랫을 비롯한 각종 파츠들과 어떤 소재의 줄과 어떤 굵기의 줄을 사용하는가에 따라 모든 소리 요소를 담당한다. 여기서 중요한 것은 어떤 파츠들의 질이 아니라, 악기 제작자 즉, 빌더가 그 악기를 어떤 컨셉과 조합으로 만드는 것이 관건이다. 다시 말해서 기타를 제작하는 과정에서 각 브랜드의 빌더들은 그 브랜드의 컨셉과 방향성에 맞는 목재와 파츠들을 조합하여 그 브랜드를 대표하는 악기를 만들어 내기 때문이다.

만드는 그 컨셉과 과정은 일종의 음식의 '레시피'와 같다고 본다면 물리치료의 영역도 마찬가지이다. 미세하게 다른 통증의 지점을 찾고 원인을 알기 위해 환자의 지남력를 듣고, 자세를 관찰하고 생활 습관을 추론한다. 또한 효용성이 높은 치료를 위해 예방적 조언과 기구 사용도 추천한다.

인간의 몸이 악기라면 이를 조율하고 빌드 하는 것은 물리치료사의 영역이라는 점에서 이해가 가능한 지점이다. 그리고 그 장인정신이 훌륭한 예술에 기여하는 것처럼 물리치료도 환자의 개인의 삶의 질에 높이 기여하는 점도 그 맥락을 같이 한다. 그래서 한마디로 말한다면,

이것이 브랜드이며, 지향점이다.

그리고 브랜드가 갖는 고유성이다.

또 브랜드의 가치관과 컨셉이다.

똑같은 음악연주라도 악기에 따라 연주자의 해석에 따라 다른 감동을 선사하듯이 어떤 물리치료사를 만나게 되느냐에 따라 전혀 다른 치료과정과 방법을 사용하게 된다. 이것이 같은 영역에서 차별성, 즉 '다름'을 만들고, 사람들은 그것에 반응한다.

여기에서 만들어지는 '다름'은 무엇이 더 좋다 혹은 나쁘다가 아닌, 지향하는 목적과 가치의 '다름'을 만들어 낸다는 점이라 할 수 있다.

그리고 이러한 차이는 '맛있게 밥 해주는 사람'과 '셰프'의 차이만큼 의미의 차이가 있다. 이것이 브랜드와 명품을 나누는 본질적인 차이이며, 그 차이는 이용자에게 색다른 '경험'을 하게 해 준다는 점에서 사람들은 특정 브랜드를 사랑하는 것이 아닐까 싶다.

사람의 몸을 최적의 컨디션으로 만들고 이를 유지하는 방법은 연주자가 악기를 잘 알고 연주함으로써 주는 선율과 감동 소리를 만들어 내는 과정과 연주 경험과 같이 넥과 프렛을 잡는 연주감은 물론, 현을 튕기고 표현하고 싶은 소리와 감정에 반응하는 것이 그 악기가 주는 감동이라 할 수 있다. 마치 물리치료사의 손에서 완성되는 환자와 친밀한 교감과 공명이 닮아있다. 이는 물리적인 치료의 행위만이 아닌 환자의 관점에서 진정한 치유와 힐링의 의미를 만들어 내는 과정에서 느끼는 행복에 이를 수 있게 된다.

마치 그저 탈것에 불과한 자동차에 의미를 부여하면 운전자만이 느낄 수 있는 감성과 재미가 있는 것처럼, 단지 물건을 넣는 가방에 불과하지만, 브랜드가 만들어 내는 가방은 우리에게 다른 감성을 준다.

브랜드가 주는 의미와 가치는 이런 차이를 낳는다. 비싼 악기에는 비싼 이유가 있고, 비싼 차에는 비싼 이유가 있고, 비싼 가방에도 그 이유가 있다.

 나이키의 창업자는 '전 세계 운동선수들에게 도전과 혁신'의 가치관을 심는 것이 자신의 사업에 있어 의미와 목적이라고 한다. 그저 기능적인 운동화에 불과하지만, 마니아들에게는 조던의 운동화는 어마어마한 가치를 존중하고 비싼 값을 내는 것을 마다하지 않는다.

 바로 '도전과 혁신'의 가치를 인정하는 것이 가치의 차이를 만들어내는 것이라면 각자의 컨셉과 그 컨셉을 구성하는 레시피가 사용자에게 제공하는 경험이 중요하다고 할 수 있다. 만약 음악을 듣는 것을 좋아하고 때때로 감동한다면, 단지 '듣기'에서 끝났기 때문은 아닐 것이다. 사람이든 사물이든 혹은 무형의 가치이든 어떤 요소라도 나의 삶 속 나의 가치관과 함께 공명할 때 우리는 감동하기 때문이다.

 누군가에게는 사치품이라 할지 모를 가방은 나를 사랑하는 하나의 표현이 되기도 한다. 지인 중에 억대 연봉의 영업맨은 값비싼 수입차를 사서 열심히 일 할 수 있는 하나의 동기를 만든다. 브랜드가 주는, 명품이 주는 차이는 우리 삶 곳곳에 있다. 그리고 그 차이는 더 좋은 재료를 사용했다는 것에 그치지 않고, 그 브랜드만이 가지고 있는 가치관과 의미, 그리고 컨셉이 담겨있다. 그것이 우리가 소비하는 콘텐츠, 스토링 텔링이며 바로 '감성'이라는 요소이다.

세상의 더 좋은 서비스가 아닌 감성과 가치관의 차이를 브랜드에 담는 과정이 병원 안에서, 특히 환자와 밀접한 상호작용을 겪고 있는 물리치료사들에게 들어오고 있다. 꾸준히 사랑받고 있는 우리 주변 속 브랜드들처럼 물리치료의 영역에도 브랜딩이 필요한 세상이다.

어떤 브랜드에 매료되었나?

그 브랜드 감성의 영역은 무엇인가?

어떤 사람인 물리치료사인가?

우리에게 끊임없이 질문을 던지며 그 가치를 실현해야 하는 과제가 남아있다.

내 주변 환경을 바꾸어 나를 자극하는 것이 없어진 상태나,
내가 좋아하는 환경에서만 느끼는 편안함 및 힐링은
내가 아닌 환경이 바뀜으로써 나의 치유를 바라는 반쪽짜리에 불과하다.
나를 단단하게 만들어 외부 자극들이나 환경들로부터
내가 자유로워질 수 있을 때, 바로 진정한 힐링,
즉 치유가 내면에서 일어나는 것이라는 생각이다.

Chapter 5.
가치의 실현

25. All GOOD, 물리치료를 넘어서

물리치료의 가이드라인은 어디까지여야 할까? 신체의 상태를 분석하고 컨설팅하여 환자의 신체를 최적의 상태로 유지하는 것까지 포괄한다면 심각한 질환으로 진단을 받은 사람에게만 필요한 걸까? 날씨가 추워지면 감기만 조심해야 할 것이 아닌 걸 증명하듯 추운 계절이 찾아오면 유독 물리치료실이 붐빈다. 젊은 사람들도 날이 추워지면 온몸 구석구석 아프지 않은 곳이 없다. 특히 추워진 날씨로 인해 한껏 몸을 움츠리다 보면 목, 어깨, 허리 등이 모두 아프게 되는 것을 경험할 수 있다.

더군다나 급작스럽게 기온이 낮아지면 아직 몸이 기온에 적응되지 않은 탓에 조금 더 체온을 높이기 위해 몸을 웅크리게 되고, 움직임이 줄어들면서 몸이 경직된다. 이렇게 몸이 긴장되고 경직되다 보니 이전에는 심하지 않았던 목, 어깨, 허리 등에서 통증이 발생하는 것이다.

현대인의 고질병인 거북목도 한몫한다. 거북목증후군은 이제 낯선 질환이 아니다. 과거에는 노화로 인한 퇴행성변화가 주원인이었다면 요즘은 스마트폰이나 PC 등 전자기기 사용 시간이 증가하면서 잘못된 자세를 취하게 되는 시간이 늘어나 거북목증후군이 발생하는 경우가 많다.

최근 건강보험심사평가원이 발표한 자료에 따르면 2017년 10대였던 2006년생~1997년생의 경우 일자목(거북목) 환자 수가 15만 4,348명이었던 환자가 4년 뒤 2021년 31만 1,329명으로 2배 정도 증가했고, 20대였던 1998년생~1987년생의 경우 42만 5,785명에서 69만 866명으로 62% 증가했다. 이와 같은 결과는 나이가 지긋한 노년층 환자보다 공부 시간이 많은 10대, 주부, 직장인 등에게 많이 발생되고 있다고 말해주고 있다.

한번 주변을 둘러보면, 스마트폰으로 유튜브를 시청하는 주부, 공부에 집중하는 학생, 쏟아지는 업무를 처리하느라 모니터를 뚫어지게 쳐다보는 직장인 등 목을 앞으로 쭉 빼고 모니터와 책에 집중하며 한껏 어깨 부근의 승모근에 힘이 들어간 모습을 어렵지 않게 볼 수 있다.

거북목증후군은 단순히 외형상 목이 앞으로 나오는 변화만 가져오는 것이 아니라 뒤 목과 어깨 주변의 신체적 통증을 유발한다. 심한 경우에 두통과 현기증, 어지럼증과 안구 통증으로 인해 집중력 저하나 수면장애까지 이어진다. 게다가 목에 변형이 생기면서 디스크 질환으로 이어질 수 있어 주의해야 하기에 의사들은 절대 그냥 넘기지 말 것을 당부한다.

다음은 거북목증후군의 10가지 체크리스트이다. 이에 5가지에 해당하면 거북목증후군의 가능성이 크다.

- ☐ 컴퓨터를 하루 8시간, 스마트폰을 4시간 이상 사용한다.
- ☐ 어깨나 등이 굽었다는 말을 자주 듣는다.
- ☐ 목과 어깨가 자주 아프고 피로하고 무거운 느낌이 있다.
- ☐ 목을 뒤로 젖힐 때 통증이 있다.

- ☐ 자고 일어나면 목이 자주 아프다.
- ☐ 어떤 베개를 사용해도 편하지 않다.
- ☐ 손이나 팔이 저리다.
- ☐ 양쪽 귀 높이가 다르다.
- ☐ 사진으로 봤을 때 고개가 한 쪽으로 기울어져 있는 경우가 많다.
- ☐ 옆에서 봤을 때 목이 앞으로 많이 나와 있다.

여기까지도 체크가 되지 않는다면, 거울에 서서 내 몸이 현재 어떤지 잠깐 살펴보는 것도 방법이다. 어깨가 한쪽으로 올라갔는지, 혹은 고개가 왼쪽이나 오른쪽으로 좀 과하게 기울었는지 정도만 확인해 본다면 지금 내게 필요한 교정이 무엇인지 알게 될 것이다.

물론 골반의 위치나, 종아리, 발목까지 전부 봐야 하지만 다 확인하기에는 무리가 있을 테니 목부터 하나씩 맞춰가며 확인하는 것이 좋다. 어쨌든 긴장을 풀 수 있는지 없는지가 관건이기 때문이다. 그래도 잘 모르겠으면 같이 사는 친구나 가족에게 내 몸이 삐딱한지, 아니면 대칭이 맞는지, 물어보는 것도 좋다.

여기까지 확인했다면, 이제 개선할 수 있는 방법을 찾아야 한다. 우선 스트레칭을 먼저 시작한다. 목 같은 경우에는 견갑거근과 흉쇄유돌근까지 전부 풀어주는 걸 권장한다.

목에 문제가 있다면 당연히 통증이 어깨까지 내려왔을 테고, 그 이상으로 본다면 통상 흉추까지 긴장이 되어 있다. 가장 쉽게 할 수 있는 건 문틈에 몸을 대고, 팔을 W 모양으로 만들어 밀어주며 스트레칭을 하면 좋다. 꽤 시원할 것이다.

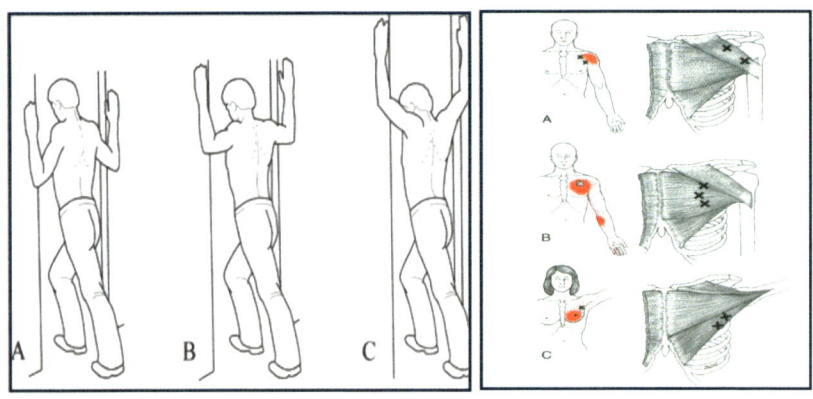

〈그림출처〉 Simons DG, Travell JG, Simons LS. Travell & Simons' Myofascial Pain and Dysfunction: The Trigger Point Manual, 2nd ed. Philadelphia: Lippincott Williams & Wilkins, 1996; with permission.)

이것만 해도 어느 정도 회복이 될 것 같다는 사람도 있겠지만 그렇지 않은 사람도 있다. 이럴 경우가 외부의 힘을 빌려야 하는 경우인데, 대표적인 것은 마사지 혹은 도수치료가 있다. 물리치료사인지라 후자를 더 권하는 편이지만, 상황이 좋지 않다면 잘하는 곳에서 어떤 방식으로든 받는 것을 권장한다.

대표적인 예로 거북목을 가져왔지만, 필자가 보는 환자 중에도 이런저런 신체적인 이유로 불면증을 겪고 계시는 분이 꽤 많아서 그 점을 중점으로 안정화 작업을 많이 하고 있다. 특히 보면 목, 어깨에서 과도한 긴장 때문에 머리까지 뻣뻣함이 오는 경우가 빈번했다. 그럴 때는 두개천골요법이나, 다른 기법을 섞어서 자주 치료하고 있는데, 같은 방향 손을 흉골(가슴 위)에 놓고, 어깨는 고정된 상태에서 목을 옆으로 젖히고, 고개를 살짝 대각선 쪽으로 들어 올려주면 효과가 꽤 좋다.

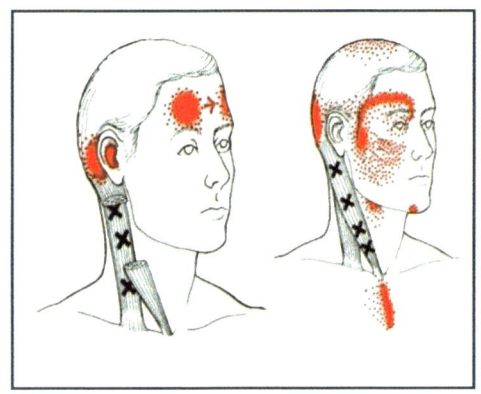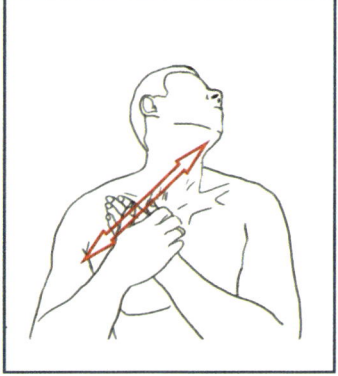

〈그림출처〉 Simons DG, Travell JG, Simons LS. Travell & Simons' Myofascial Pain and Dysfunction: The Trigger Point Manual, 2nd ed. Philadelphia: Lippincott Williams & Wilkins, 1996; with permission.)

그림에서 X로 표신된 부위를 통증유발점 trigger point 이라고 하는데 이는 근막 조직 내에 분리된 결절 모양의 매듭으로 특이하게 재현되는 연관통 패턴이다. 이 통증 유발점을 근막 압박법 MCT:Myofascial Compression Technique 으로 마사지하면 체계적으로 신체 조직의 탄성을 회복하고, 관절의 유동성 및 근 기능을 개선하여 통증을 감소시키고 부상을 방지할 수 있다. 또한 자세 교정에도 효과적이다.

의사들은 문진으로 진단을 예측하지만, 물리치료사들은 스페셜 테스트를 이용하므로 각 질환에 대해 시진을 통한 치료도 가능하다. 그래서 가끔 개인적으로 친분을 쌓은 분들이나 운동선수들과 치료 예후를 통해 예방적 치료를 연구하고자 연락을 주고받는데, 수면에 대해 질문하면 대부분 잘 자고 있다고 이야기한다. 치료를 받고 가면 그 날은 그냥 푹 잔다고 하고 필자(성우경)가 제공했던 솔루션 중에 특히 현재 개발 중인 베개의 효과에 대한 칭찬에 침이 마른다. 사실 물리치료사들도 어쩔 수 없이 몸을 쓰고 있어서 너무나도 치료받고 싶지만, 스스로 하기에는 한계가 있어 안타깝다는 생각에 만든 베개였기에 정말 실질적인 개선 효과에 대해서는 너무나도 자부하고 있다.

그렇게 'allgood' 베개가 탄생하게 되었다.

26. 건강과 수면의 질

처음 필자(성우경)가 개발한 베개를 사용해보니 필자만 사용하기는 아까운 마음마저 들었다. 그래서 치료하는 환자와 운동선수들에게 살짝 사용하게 하자 반응이 정말 획기적이었다.

수면은 우리 삶의 가장 많은 부분을 차지하고 중요하다는 것은 누구보다 잘 알고 있었으나, 이 부분을 예방적 차원의 치료과정으로 끌고 올 생각에는 미치지 못했었다. 누구나 잠을 자고 이를 통해 회복과 에너지를 충전한다. 여기에 집중하게 되니 건강한 수면이 인체에 다가올 수 있는 위기 예방이 가능한 연구를 할 수 있게 되었다.

인간의 정신과 신체는 쉬지 않고 무한히 활동할 수 있는 것이 아니다. 따라서 일정 시간 활동하고 난 후에는 쉼이 필요하다. 여기서 쉼이란 어느 것도 방해받지 않는 쉼을 말한다. 즉, 잠을 자는 것, 수면이다. 수면 상태에서 뇌는 깨끗이 청소되고 자는 동안 노폐물이 제거되는 것이다. 잠을 자면 신경세포 활동이 정지되고 혈액이 빠져나가면서 뇌척수액이 혈액이 있던 자리를 채우며 뇌를 청소한다. 이때, 뇌척수액은 '베타 아밀로이드'라는 물질을 주로 청소하는데, 이것은 치매의 주요 원인 물질이라고 한다.

나이가 들수록 림프관의 배출기능이 떨어져 베타 아밀로이드가 쌓인다는 것도 발견한다. 그래서 나이가 들수록 인지 기능이 나빠지고, 알츠하이머 같은 퇴행성 뇌 질환이 걸리는 것도 뇌척수액이 청소를 제대로 하지 못하기 때문이라 한다. 이것은 YTN 사이언스 핫 클립에 나온 일부 내용이다. 관련 영상 또한 네이버 지식백과에서 볼 수 있으니 확인해 보면 더 정확히 알 수 있을 것이다. 어떤 사람들은 잠을 자는 시간에 대해 많은 의문을 가진다. 어떤 사람은 하루에 1시간만 자도 거뜬히 살아가고 어떤 사람은 10시간을 자도 꾸벅꾸벅 졸게 되는 것이다. 사람마다 수면의 질과 양은 다를 수 있다. 그러나 질적인 수면, 즉 숙면해야 하는 이유는 한결같다. 낮 동안 활발히 활동했던 신체와 정신(뇌)을 쉬어 줘야 다음 날 재충전되어 살 수 있기 때문이다. 수면다원검사는 멜라토닌 분비량과 수면 자세, 잠이 드는 시간, 코골이 등 수면 행태 등을 다각적으로 분석하여 수면장애 정도를 진단하는 검사이다. 이 검사는 15시간 정도의 긴 시간이 걸리는데, 이 검사가 끝나면 수면장애인지 아닌지를 정확히 판단할 수 있다. 잠을 잘 자야 하는 이유가 일상에 영향을 주는 요소 중 하나이기 때문이다.

　수면이 부족하면, 대사 질환인 혈압과 당뇨는 물론 신경 질환인 하지불안증, 나아가 심장병까지 삶을 위협하는 심각한 질병을 일으킨다. 잦은 야근이나 교대근무가 암의 발생 원인이 될 수 있다는 연구 결과가 나왔다. 멜라토닌이 분비되는 오후 7시부터 오전 7시 사이에 잠을 자지 않고 근무하는 사람의 경우 멜라토닌 분비가 줄어 암이 발생할 수 있다는 것이다. 여성호르몬의 분비와 관련된 질환인 유방암의 경우, 멜라토닌 분비가 활발한 오전 12시부터 오전 5시까지 질 높은 숙면하는 사람과 그렇지 않은 사람의 발생 빈도 수가 차이가 난다. 아이들의 경우 오후 11시부터 오전 1시까지, 이후 2시간 이후인 3시까지 멜라토닌 분비가 가장 왕성하게 일어나는데, 이때 성장호르몬도 같이 분비된다고 한다. 이 시간에 잠자지 않는 아이들은 키가 잘 자라지 않는 결과를 초래한다.

'가을부터는 수면장애를 일으킬 수 있는 겨울철로 들어가는 단계이기 때문에 아침에 20분~30분이라도 햇빛양을 늘려야 한다. 점심시간에도 햇빛을 볼 수 있는 시간대에 더 많이 햇빛에 노출하는 노력이 필요하다. 그래서 밤에는 가장 깜깜할 때 자야 호르몬 밸런스가 잘 맞고 낮에는 그 호르몬을 잘 활용하는 것이 건강을 지키는 지름길이다.'라고 한진규 수면센터 신경과 전문의는 말한다.

'요 며칠 잠을 제대로 못 자서 두통이 심하게 왔었다.' '두통이 오니 또 제대로 못 자게 되었다.' 이런 악순환이 사람들에게 일주일 내내 삶을 힘들게 했던 원인이 된다. 사람은 일정 수면시간이 확보되어야 신체 기능을 다시 회복할 수 있는 시스템이 발동한다. 아프면 거의 잠을 못 자기 때문에 신체 기능이 나빠지고 통증 시스템이 더욱 예민해진다. 통증 시스템이 예민해진다는 것은 조금 아픈 것을 많이 아픈 것으로 착각하게 되는 것을 의미한다. 많이 아픈 것을 느끼게 되면 몸은 경계심을 놓지 않는다. 모든 것이 셧-다운 shut down 되고 그 통증을 해결하는데 온 신경과 에너지가 쏠리게 된다.

이 기간이 늘어나면 오히려 역효과를 내는데 바로 잠을 못 자는 것이다. 잠을 자야 회복이 되는데 잠을 못 자면 충전할 수 있는 기회마저 잃게 된다. 피곤해진 뇌가 쉼을 얻을 수 있는 논 렘$^{Non-REM}$ 수면의 단계를 우리는 주로 숙면이라고 얘기한다. 그러나 정작 중요한 수면은 그 전에 일어나는 렘^{REM} 수면이다. 논 렘 수면은 뇌가 기억을 장기기억으로 만드는 것이다. 여러 가지 기억을 꺼내서 중요한 기억을 장기기억으로 넘기는 것이다. 그 과정에서 꿈 작업이 이뤄진다. 꿈을 꾸는 수면을 보통 렘 수면이라고 얘기한다. 따라서 수면의 시간을 줄이는 것은 위험한 것이다. 이유는 장기기억을 만들고, 꿈을 꾸는 렘 수면이 줄어들게 되면서 나의 기억력과 집중력, 인지 기능에 어려움이 생기게 되기 때문이다.

수면의 질이 향상되기 위해서는 자신의 수면 패턴을 분석하고, 규칙적으로 잠을 자는 습관을 길러야 한다. 몇 시에 자고 몇 시에 일어나야 하루를 잘 보낼 수 있는지 체크 해보는 것이 기본이다. 되도록 멜라토닌 분비가 활성화되는 시간인 오후 11시부터 오전 5시까지 잠을 자는 것이 좋다. 집중력과 기억력 향상을 위해 잠을 자는 시간을 가장 소중히 여기는 의미를 더하여 우리는 고민하고 집중하여 정말 수면으로 건강을 유지할 수 있는 기능을 만들어 내는 것에 매진할 것이다.

27. 그들에게 들어본 새로운 수면 방법의 효과

현대인들의 경우 스마트폰의 보급과 컴퓨터를 사용한 업무 환경이 보편화 되면서 척추에 안 좋은 영향을 미치게 된다. 시간이 지날수록 일자목증후군forward neck posture에서 진행되는 거북목증후군, 흉추뒤굽음증kyphosis 일명 '흉추후만증'이라고 불리는 같은 질병을 호소하는 사람들이 많아졌다. 그중에서도 특히 흉추뒤굽음증은 우리의 삶에 많은 영향을 미친다. 흉추뒤굽음증이 발생하면 어깨관절의 움직임 제한, 호흡 기능의 저하, 균형 능력의 저하 등의 문제가 발생하게 된다.

어깨관절의 움직임은 날개뼈, 빗장뼈, 위팔뼈 등 3가지 뼈들의 움직임이 원활하게 이루어져야 정상적인 움직임이 발생한다. 흉추뒤굽음증이 있으면 날개뼈의 움직임이 제한된다. 날개뼈의 움직임이 제한되면 빗장뼈와 위팔뼈가 움직일 때마다 충돌을 일으켜 통증을 일으키거나 구조적으로 어깨관절의 움직임 자체를 제한할 수 있다.

어깨의 통증과 움직임의 제한은 수면의 질에도 영향을 미친다. 사람의 경우 수면 동안에 20~30번 정도의 자세를 변경하는데 이때마다 통증을 유발하게 되어 수면의 질을 떨어뜨리게 된다.

호흡은 흉추와 흉추를 둘러싸고 있는 갈비뼈가 기계적인 움직임을 통해서 가슴우리 공간의 확장과 이완을 통하여 이루어진다. 흉추뒤굽음증이 있으면 가슴우리 공간의 확장에 구조적으로 제한되어 본래의 호흡능력만큼 숨을 쉴 수 없게 된다. 일상생활 영역에서 숨이 차거나 호흡곤란의 증상이 발생할 수 있다. 특히 수면 시에 수면무호흡증과 같은 현상을 초래할 수 있어 수면의 질에 큰 영향을 미칠 수 있다.

마지막으로 수면의 질이 높기 위해서는 목뼈, 등뼈, 허리뼈 등 척추를 구성하고 있는 뼈들이 신체의 무게를 골고루 분산해야 한다. 흉추뒤굽음증이 있으면 흉추의 특정 부위에 압력이 집중되어 통증을 유발하고, 평소보다 많은 자세 변경을 초래하여 수면의 질에 영향을 미치게 된다.

필자(성우경)가 연구하고 개발한 올굿 베개는 기존 베개와 달리 목뿐만 아니라 흉추에 있는 날개뼈까지 지지해 준다. 흉추뒤굽음증이 있으면 나타날 수 있는 목, 어깨, 등의 통증, 수면 시 호흡능력 저하 등을 개선하여 수면의 질을 높여줄 수 있다는 점에 집중하여 개발되었다.

실제로 공동 저자인 임우석 물리치료사와 공저인 논문, 『날개뼈 지지 베개가 흉추뒤굽음증을 가진 사람들의 폐 기능과 자세에 미치는 영향』[2]을 인용하면, 흉추뒤굽음증을 가진 사람들에게 베개를 이용한 중재를 적용하고 이에 따른 호흡능력 변화와 자세의 변화를 알아보고자 척추의 각도는 Spinal Mouse를 사용하여 측정하였고, 자세 측정을 위해서 acromion to the wall index를 측정하였고, 호흡능력을 측정하기 위하여 1초 강제호기량^{FEV1}, 강제폐활량^{FVC}를 측정하였다. 마지막으로 흉부확장정도$^{Chest\ wall\ expansion}$를 측정하였다. 그 결과 FVC, FEV1 값 등 호흡능력은 유의미한 증가를 했으며, 자세 측정

---

2. <The effect of scapula supporting pillow on pulmonary function & postural changes in people with thoracic kyphosis>

acromion to the wall index, 흉부확장정도 Chest wall expansion는 유의미한 증가 값을 보였다. 흉추뒤굽음증에 있어서는 각도의 변화가 있었다.

이와 같은 논문의 결과를 바탕으로 올굿 베개는 수면 시 척추의 특정 부위에 집중되는 압력을 골고루 분산시켜 통증을 줄여주고, 더 편안한 수면 자세를 유도할 수 있도록 설계하였다. 또한 날개뼈를 지지해주어 가슴우리의 확장과 이완을 보조함으로써 수면 시 원활한 호흡을 보조해 준다.

어떤 설명보다 필자(성우경)가 연구하고 임상을 진행하면서 수면 방법을 공유한 사람들의 후기가 무엇보다 더 직관적인 인지를 만들기에 여과 없는 인터뷰 내용을 공유한다.

Q. 어떤 증상이 힘들었는지?

방송작가 생활 20년이다. 컴퓨터 작업을 많이 하고, 늘 긴장감이 넘치고, 누적된 피로로 인해 일자목(심지어 일자를 넘어 목뼈에 회전에 들어가 있는 상태), 라운드숄더, 목 근육 타이트함 등 온갖 안 좋은 증상을 가지고 있었다.

낮에 움직일 때는 일을 해야 하고, 사람을 만나야 하니 이런 증상을 잠시 잊어 두고 살았지만 스트레스를 받거나, 컨디션이 좋지 않거나, 날씨가 좋지 않으면 목뒤 후두근이 뭉치며 두통을 유발하는 것이 가장 힘들었다.

이럴 때는 진통제를 먹고 그 증상을 잠시 잊으려고 노력하거나 마사지, 파스, 주사 치료 등을 받았지만 이것은 원인을 해결하는 것이 아닌, 단지 그 당시의 통증만을 없애는 것이라는 걸 알기에 근본적인 문제를 없애는 방법이 없을까 늘 고민하였다. 특히 몸 상태가 좋지 않을 때는 잠이 들다가도, 숙면이 힘들어 잠에서 깨는 일이 잦았고 오랜 시간 자는 것도 힘들 뿐만 아니라, 자더라도 개운한 느낌이 없어 한마디로 전체적으로 수면의 질이 낮았다.

옛말에 '잠이 보약'이라는 말이 있는데 진짜 잠은 생각보다 우리의 생활에 많은 영향을 끼친다는 것에 공감한다.

그저 컨디션이 좋지 않다, 기분이 좋지 않다를 넘어서 위장에도 영향을 끼쳐, 소화가 되지 않거나 늘 피곤함을 느끼며 생활을 하는 등 잠이 정말 일상생활에서 중요한 것이라는 것을 다시 한번 알게 되었다.

그래서 눈을 돌리게 된 것이 베개인데, 유튜브만 찾아봐도 낮은 베개를 사용해야 한다, 아예 수건을 써야 한다 등 많은 팁이 있다. 조금이라도 더 편한 잠자리를 위해 이것저것 다 해봤지만, 딱! 나에게 맞는 방법은 없었다.

김O미 / 여성^F / 42 / 서울시 마포구 거주 / 방송작가

5년 전부터 목 통증 및 우측 팔 저림 증상이 있어서 신경과 약을 복용하고 있다. 특히 한달 전부터 왼쪽 날개뼈와 승모근 경계부 담결린 것처럼 통증이 심해졌다.

김O원 / 남성^M / 43 / 경기도 성남시 거주 / 회사원

어떤 베개를 베어도 목이 편하지 않아서 수면의 질이 떨어져 늘 피곤했다. 어쩌다 베개를 베고 자면 뒤 목과 어깨와 등의 통증이 심해서 자다가 깨는 일이 늘 있었다. 특히 옆으로 누워 자는 경우가 생기면 어깨 통증이 심했다.

성O선 / 여성^F / 42 / 경기도 군포시 거주 / 초등학교 교사

바로 누워 자면 잠이 오지 않고 뒤 목이 아파서 옆으로 누워 자는 버릇이 있었는데 오랜 시간이 흘러 최근에는 어깨와 허리까지 아팠다.

OO성 / 남성^M / 40 / 서울특별시 관악구 거주 / 경찰

목과 어깨 통증으로 천정을 보고 자기 힘들고, 항상 뒤 목 부위에 무거움이 느껴진다.

박O영 / 남성^M / 31 / 경기도 하남시 거주 / 양궁선수

Q. 베개 베는 법을 실행한 후 달라진 점은? (증상의 호전을 중심으로)

알려주신 대로 낮은 베개와 수건을 이용하여 잠을 잔 첫날은 '아, 이렇게 잠을 잘 수가 있구나?' 정도였다.

목, 어깨, 등이 확실히 편해졌다는 생각이 들었고 자연스럽게 그것에 수면의 질까지 이어졌다는 생각이 들었다. 특히, 평소에 아침에 일어나면 목이 뻣뻣하다는 느낌이 늘 있었는데 베개 베는 법을 바꿔본 이후, 근육의 피로감이 확실히 없고, 편안한 잠을 잤구나! 라는 것을 느낄 수 있었다.

하지만! 이게 일체형이 아니라서 자기 전에 한 번의 세팅을 해야 한다는 것은 솔직히 귀찮은 점이 있다는 사실이 단점일 수도 있다.

김ㅇ미 / 여성^F / 42 / 서울시 마포구 거주 / 방송작가

5년간 복용했던 신경과 약을 50% 줄일 정도로 통증 호전되며 수면의 질이 향상됨을 느꼈다.

김ㅇ원 / 남성^M / 43 / 경기도 성남시 거주 / 회사원

확실히 수면의 질이 향상됨을 느낄 수 있었다. 자고 일어나면 피곤함이 사라졌으며 일단 뒤 목 쪽이 뻐근하지 않아서 편안했다.

성O선 / 여성^F / 42 / 경기도 군포시 거주 / 초등학교 교사

목이 아프지 않아 자연스럽게 바로 누워 잘 수 있게 되었고 목, 어깨, 허리 통증이 사라져 수면의 질이 훨씬 좋아졌다.

OO성 / 남성^M / 40 / 서울특별시 관악구 거주 / 경찰

내 몸을 베개와 수건에 맞추고 특히 어깨까지 받쳐주다 보니 훨씬 안정감을 느껴 자고 일어나니 가벼운 느낌을 받았다.

박O영 / 남성^M / 31 / 경기도 하남시 거주 / 양궁선수

Q. 이러한 수면법을 도와주는 도구가 출시되면?

따로 내가 어떤 준비를 하지 않아도! 제품 하나로 잠자리 세팅이 끝난다면 정말 획기적인 상품이 될 것이라는 생각이 든다.

특히! 정말 좋은 물건을 만나면 부모님 생각이 날 수밖에 없는데 무조건 이건 부모님께 사드리고 싶은 생각이 있다. 특히 어머니가 나이가 드신 이후, 수면의 질이 너무 떨어져 힘들어하시는데, 어머님께 꼭 선물로 드리고 싶은 마음이 간절하다.

$$\text{김O미 / 여성}^F \text{ / 42 / 서울시 마포구 거주 / 방송작가}$$

그동안 베개 유목민처럼 100만원 이상 베개 구매했었다. 하지만 이 방법으로 숙면할 수 있는 베개가 나온다면 바로 당장 구매하겠다.

$$\text{김O원 / 남성}^M \text{ / 43 / 경기도 성남시 거주 / 회사원}$$

자다 보면 자세가 바뀌면서 모르는 사이에 불편한 수면 자세를 취할 수 있는데 이를 도와주는 도구가 출시된다면 자세를 바르게 잡아주어 높은 질의 수면 상태를 유지해줄 것이다.

이는 궁극적으로 수면의 질뿐만 아니라 삶의 질까지 향상될 수 있을 것 같다.

$$\text{성O선 / 여성}^F \text{ / 42 / 경기도 군포시 거주 / 초등학교 교사}$$

교대근무로 인해 수면시간이 불규칙해 잠이 매우 중요한데 수면에 도움을 주는 도구가 출시된다면 수면뿐만 아니라 수명에 많은 도움이 될 것이다.

OO성 / 남성^M / 40 / 서울특별시 관악구 거주 / 경찰

워낙 전국을 돌며 대회를 치르다 보니 베개를 휴대할 수 있었으면 좋겠다. 수건과 베개가 일체 된 제품이 나온다면 바로 체험해보고 싶다.

박O영 / 남성^M / 31 / 경기도 하남시 거주 / 양궁선수

28. 심신의 치유와 힐링이 의미하는 것

치료하여 병을 낫게 함; 치유

병이나 상처 따위를 잘 다스려 낫게 함; 치료

책을 쓰기로 마음먹으면서 사유했던 치유와 치료, 그 사전적 의미를 살며시 들여다본다.

그저 오래 살겠다는 장수의 시대를 지나고 건강하게 먹고 건강하게 살자는 웰빙을 넘어 이제는 누구나 거침없이 말하곤 하는 몸과 마음의 힐링. 지식과 지혜를 구별하기 힘들어진 시대, 흘러넘치는 정보에 분별력을 잃어가며 외부의 압력으로 내면의 공허함에 시달리는 우리는 내외적인 힐링을 갈구하는 시대를 살고 있다.

몸을 떠난 마음을 말할 수 없고 마음을 떠난 몸을 말할 수 없듯 힐링은 우리의 삶에 너무나 깊숙이 들어와 있는 화두가 되었다. 나의 삶에서도 거침없이 힐링을 말하던 때가 있었다. 나에게 그 당시 힐링이란, 어떤 사건이나 사람으로 인해 마음이 고되게 내려앉아 일상을 제대로 영위하기 힘들 지경이 되어 무언가에 의존하거나 의탁해야 하는 상태에 이르러 애타게 찾곤 하던 어떤 것이었다.

치유와 힐링을 들여다보면 또 그 둘은 묘하게 다르다. 내 목소리로 치유라고 발화하면 자가 치유, 자연치유, 숲속의 기운, 조용하고 평온하고 안정된 기운이 감돈다. 다시 외래어를 빌려와 힐링이라고 발화하면 굳이 안정감이 수반되지 않아도 무언가 기분이 묘하게 좋아지는 어떤 것을 말한다.

그렇게 이 글쓰기는 예상과는 다르게 즐거움을 주는 차원의 이상이 되어버렸다. 파고들수록 묘한 신비감을 주고 나의 존재감이 확고해지면서 종국에는 나에게 힘을 실어준다. 어떤 날은 의미 없는 단어의 나열들이기도 하고 어떤 날은 누군가에게 큰 감동을 주고 공감을 얻게 한다.

책을 쓰기로 하고 어떤 기록도 허투루 남긴 적이 없다. 누구에게 보여주기 민망한 글이라도 내게는 귀한 사유의 파편이었고 누군가가 감탄하며 좋아해 주는 글이라도 내가 쓴 게 아닌 것처럼 느껴질 때도 있었다. 그렇게 조금씩, 조금씩 모든 글쓰기는 나에게 자양분이 되었다.

앞으로 글쓰기를 통해 비워내는 연습, 그리고 겸손을 배우고 있었다. 유려하지 못하고 조악한 글이라도 이 책을 통해 누군가는 위로받았으면 하고 동지애를 느꼈으면 하고 우리가 추구하는 치유의 가치를 전달받았으면 한다. 하지만 그 어떤 것도 자신의 심지가 바로 서지 않으면 작은 입김에도 훅 꺼지고 마는 촛불임을 이제야 안다. 이제는 탄탄한 심지를 세워 어떤 입김에도 꺼지지 않는 LED같은 생명력 있는 글을 쓰고 싶다는 열망이 일렁이는 것은 우리가 사유하는 모든 분야가 깊어질수록 서로 연결되고 있음을 느껴서일까?

매일 땅 파면서, 매일 깨지면서, 더 아프고 고통받아도 괜찮으니 요즘 내가 몰두하고 있는 것처럼, 숨쉬기처럼 그렇게 글쓰기도 자연스러운 일이 되었으면 한다.

줌파 라히리라는 벵골 출신 인도계 미국인 작가가 있다. 그녀의 책을 아직 단 한 권도 읽지 않았지만, 틈틈이 훔쳐보곤 하는 그녀의 가치와 사상에 매료되어 있다. 세상이 자신의 정체성을 규정하도록 두지 않고 부지런히 겉돌기를 자처하는 사람. 미국이 가진 우월주의에 반감이 있는 의식으로 그녀는 영어를 버리고, 2살 때 떠나온 나라의 언어도 취하지 않고 한 번도 가보지 않은 어떤 인연의 고리도 없는 이탈리아어로 40여 편의 단편소설을 썼다.

아마 이토록 생경한 이름의 작가의 행적처럼 독특하지만, 보편적인 글을 쓰고 싶고 또 평범하지만 넘치도록 매력적인 그런 삶이 의미 있게 다가온 것 또한 물리치료사가 불완전하게 제정신을 지키게 해주는 의식 같은 것. 그러니까 온전히 불완전함이 불완전의 미학을 이렇게 나마 아낀다는 것을 이 책으로 표현해 본다.

미국의 대표적인 심리치료사이자 베스트셀러 작가인 루이스. L. 헤이는 그의 저서 <힐 유어 바디 Heal Your Body, 신체적 질환에 대한 마음의 원인과 그것을 극복하는 방법>에서 이런 말을 하고 있다.

"우리의 삶에서 행복과 질병은 모두 다 우리의 경험을 구성하는 정신적인 생각 패턴의 결과이다. 특히 우리가 염려하는 불편하고도 보상받지 못한 경험을 하게 하는 것은 바로 부정적인 생각 패턴이다."

이 책에는 많은 질병과 그 질병의 심리적 원인이 소개되어있다. 그 중 하나로 지속적인 위장의 문제는 새로운 것에 대한 두려움으로 새로운 것들이 완전히 소화가 안 되는 심리적인 원인이 되어 문제가 일어날 높은 가능성을 말한다. 한마디로 삶이 소화가 안된다는 말이다. 그래서 모든 결과에는 원인과 과정이 있고, 그 원인과 과정을 보살피고 치유하지 않는다면 그 결과는 반복될 수밖에 없다는 의미였다. 자신의 삶이 완전히 마음이 드는 사람이 과연 존재할까? 이런 결과는 어떠한 원인과 과정을 거쳐 생겼을까 하는 알아차림이 필요하다.

이러한 힐링 트랜드를 가장 잘 반영한 것이 먹방 콘텐츠라는 생각이 든다. 가끔 스트레스가 쌓이면 예능 프로그램을 시청하면서 아무 생각 없이 '멍때리기' 신공을 발휘하게 된다. 그러다 문득 드는 생각은 '아니, 내가 왜 다른 사람 삼시 세끼 밥 해먹는 걸 보고 있지?'이다.

단순히 음식이라는 결과물이 아닌 원인과 과정을 함께 들여다보면 공감도 되고, 어떤 극적인 드라마 없이도 저절로 힐링이 되는 느낌이다. 그러니 흙탕물 같은 마음을 가라앉혀서 내 마음의 원인과 과정을 살피는 것만으로도 힐링이 된다.

'힐링healing'이라는 말은 영어권에서 들어온 개념이다. 워딩 그대로 'healing'은 몸이나 마음의 치료, 치유를 뜻한다. 하지만 요즘 조금은 달리 쓰이고 있다. '정말 힐링이다. 힐링 된다.'라는 표현이 많이 쓰이고, 더 가볍게 내가 좋아하는 것들 또는 나를 편안하게 하는 환경이나 상태를 지칭할 때 자주 쓰이곤 한다.

이 시점에서 병에는 반드시 치료가 필요하지만 단순 치료에 머물지 않고, 마음속 깊이 더 들어간다면 각자 원하는 힐링은 '그저 쉬고 싶다.'라고 하는 지친 몸과 마음의 결과론적인 임시방편에 불과하다고 할 수 있다.

영어에 'comfort'라는 단어가 있다. 뜻을 찾아보면, [1]안락, 편안 [2]위로, 위안이라고 나온다. 즉, 내 몸이 이완되어 있고, 고통이 없는 편안한 상태라는 뜻이 있다. 내 몸과 마음의 편안한 상태를 추구한다는 점에서 치료는 '편안함comfort'를 추구하는 것은 맞다. 하지만, 이 단어의 어원이 되는 라틴어의 'consolatio'[3]를 살펴보면 편안함이라는 단어에 숨겨진 뜻을 좀 더 알 수 있을 듯하다.

---

3. Consolation 어원출처: 『Walk and Think』,Kimfacer
https://bookk.co.kr/bookStore/646ad88b4222b24502d40896

이 단어에 숨겨진 뜻은 나의 편안함을 이루기 위해 무엇을 변화시킬 것이냐 하는 중요한 문제가 숨어있다. Consolatio라는 라틴어도 표면적인 뜻은 '위로, 위안'이란 뜻이지만, 어원은 '나를 강하게 만들다.'라는 것에서 비롯되었다. 즉, 나를 편안하게 하고 이완되게 만드는 방법이 내가 처한 환경을 바꾸기보다는 나를 단단하고 강하게 만드는 방향이다.

내 주변 환경을 바꾸어 나를 자극하는 것이 없어진 상태나 내가 좋아하는 환경에서만 느끼는 편안함과 힐링은 내가 아닌 환경이 바뀜으로써 나의 치유를 바라는 반쪽짜리에 불과하다. 나를 단단하게 만들어 외부 자극들이나 환경들로부터 내가 자유로워질 수 있을 때, 바로 진정한 힐링, 즉 치유가 내면에서 일어나는 것이라는 생각이다.

29. 그렇게 한 걸음 더 성장한다

 이제 바야흐로 MZ세대들이 중심이 되는 시대가 찾아올 것이라고 한다. 열심히 살고 있지만 자꾸 우울하고, 무기력해지고, 미래에 대한 걱정으로 불안하다고, 변화를 위해 이것저것 시도해 보지만 끝까지 해내지 못하는 자신을 자책하게 된다고, 앞으로도 인생에 기대되는 게 없어서 더 우울하다는 말도 그들이 입에 달고 사는 언어이다.

 이런 문제들의 근본적인 원인이랍시고 그냥 둔 채로 스트레스를 해소하기 위해 음식, 술, 담배, 스마트폰 등에 의존하는 것으로 몸에 문제가 생긴다. 결국 스트레스의 근본 원인을 해결하지 않으면 이렇게 저렇게든 질병이 찾아온다.

가슴이 진심으로 원하지 않는 일을 하고 사는 사람들은 스트레스에 취약하다. 간단히 생각해봐도 그럴 수밖에 없다. 우리 인생이 30% 이상의 시간을 공부하고 일하며 소비한다. '해야 하는 일$^{have\ to\ do}$과 공부'를 하고 살면서 스트레스를 받지 않을 수 있을까? '나'에 대해 제대로 알지 못하고 세우는 삶의 목적은 파도가 치면 없어져 버릴 모래성과 같다.

모래성을 쌓고 있는 사람들에게 '왜 지금 하는 일을 하고 있나?'라고 물어보면 주로 이런 대답을 한다. '돈을 잘 버니까', '이 직업은 알아주니까', '내가 뭘 잘하는지 아직 잘 모르겠으니 일단 하고 있다고' 역시 젊은 세대일수록 이런 답을 어디에든 갖다 붙인다. 그리고 재미가 없다고, 행복하지 않다고, 하고 싶은 일을 하고 사는 사람들이 정말로 있긴 하냐며 원래 인생은 이런 거 아니냐고 반문한다.

우리는 생각하는 대로 살아진다. 내가 살아가는 인생은 내 생각의 결과이다. 가슴속 깊은 곳부터 '하고 싶은 일$^{love\ to\ do}$'을 하고 살면서 삶의 주도권을 가지고 속도 조절을 할 수 있는 사람들은 스트레스에 훨씬 자유롭다. 왜냐하면 일도 삶도 스트레스로 다가오지 않기 때문이다. 일시적으로 스트레스를 받는다고 해도 심각한 문제를 일으킬 수준까지는 가지 않는다.

그리고 내가 정말 하고 싶은 일을 찾기 위해서는 '내가 누구인지' 알아야 한다. 내가 누구인지 알지 못한 채, 다른 사람들 눈에 괜찮아 보이는 인생 목표에 따라 살고 있다면 내가 원했다고 생각한 걸 성취해 내도 공허함은 사라지지 않는다. 끊임없이 남들과 나를 비교하면서 '더 많이', '더 높이', '더 빨리'만을 추구하며 산다면 행복한 인생과는 점점 더 멀어지게 된다.

증상과 문제들의 원인을 찾아 치유하고,

나에게 딱 맞는 몸과 마음이 건강한 습관을 익히면서,

가슴이 원하는 즐거운 인생을 설정하고,

친절한 인간으로 둘러싸인 따뜻하고 신뢰감 있는 공간.

확실히 과거와 달리 지금의 병원들은 따뜻함과 신뢰감을 동시에 구현할 수 있는 인테리어와 컬러를 사용할 뿐만 아니라 입원실은 과거의 칙칙함을 탈피한 지 오래다. 의사와 간호사는 근엄한 표정보다는 친근함을 표현하고 그들의 언어는 확실히 친절해졌다. 그리고 그들의 복장 또한 많이 달라졌다. 훨씬 정갈해졌으며, 단정해졌다. 이제는 병원의 '격'이 많이 달라졌다. 그리고 그 안에 있는 혹은 밖에 있을지도 모를 물리치료사의 모습은 어떠할까?

지금 이 책을 읽은 당신의 생각은 어떠한가?

Epilogue

　물리치료라고 하면 우리가 흔히 접할 수 있는 정형외과에서 받을 수 있는 열전기 물리치료나 도수치료를 떠올릴 수 있을 것입니다. 그러나 우리가 이야기 하고 싶은 것은 사람들이 생각하는 보편적인 개념을 넘어선 물리치료사라는 직업을 가진 사람의 고유한 영역입니다.

　물리치료사는 환자의 삶의 질을 높여 줄 수 있는 직업입니다. 일상의 불편을 줄여주고, 또는 장애가 있는 환자에게 삶의 방식을 제안해 줄 수 있을 것입니다.

　직업적 의미와 자아실현을 동시에 실현할 수 있습니다. 한가지 직업으로 살아갈 수 없는 소위 말하는 'N잡러'의 시대에서 자신의 신념과 직업적 만족도를 동시에 가져갈 수 있는 직업은 많지 않으리라고 생각합니다.

  이러한 배경을 바탕으로 물리치료라는 직업에 대하여 다른 사람들이 조금 더 제대로 알게 되고 물리치료를 업으로 삼고 있는 선배, 동료, 후배 물리치료사에게도 이 책을 통하여 현재의 삶에 만족하지 않고 다른 영역으로 확장에 대한 인식을 할 수 있는 계기가 되었으면 합니다.

<부록> 꿀잠 주무세요

　수면에 대한 중요성이 나날이 커지고 있는 가운데 불면증 개선을 위한 다양한 방법들이 쏟아져 나오고 있다. 특히 이미 출시된 기능성 베개를 포함한 어떤 베개를 베도 불편하고 수면장애가 해고되지 않는다고 한다. 하지만 중요한 건 '베개의 종류'가 아니라 '베개를 잘 베는 방법'이다. 필자(성우경)가 출시한 '올굿 베게' 사용한 수면법 원리의 가장 기본은 다음과 같다.

　'인간은 지면에 닿으면 닿을수록 편안함을 느낀다.' 이론으로 똑바로 천장을 향해 눕는다.

팔의 위치가 중요하다. 양 손바닥이 천장을 향하게 어깨를 외회전 하고, 양팔을 30°정도 바깥으로 놓는다. 일명 '황제처럼 자라'이다. 코와 턱이 수평이 되어야 하며, 모든 사람을 누웠을 때 흉추 3번이 바닥에 닿지 않으므로 이를 받쳐 줄 수 있는 베개의 높이와 넓이를 선택해야 한다.

도톰한 수건을 5cm~7cm가 되도록 말아서 고정해 준다. 이를 척추뼈 몸통과 척추 사이 원반의 뒷면에 붙어있는 후종인대를 받쳐주고 목뒤에 놓는다. 왜냐하면 후종인대 이완은 전신이완의 효과가 있기 때문이다.

이러한 원리로 만든 베개가 필자(성우경)가 특허 출원을 한 '올굿 베개'이며, 상술한 수면법은 이미 본 내용에서도 서술한 바 많은 환자와 운동선수에게 임상하여 효과를 입증 한 바 있다. 또한 특정 근육의 길이와 뼈의 각도의 평균값을 이용해 수학의 삼각비 표를 통해서 출원시켰다.

잠을 자면서 뒤척이거나 옆으로 자는 습관이 있다면, '올굿 베개'가 이를 확실하게 보완하는 역할을 하여 많은 사람의 수면의 질을 높여 건강한 생활에 확실한 영향을 줄 것이라는 생각이다.

【allgood 베개】

『특허증』

특허 Patent Number: 제 10-2567225 호
출원번호 Application Number: 제 10-2022-0101797 호
출원일 Filing Date: 2022년 08월 16일
등록일 Registration Date: 2023년 08월 10일

발명의 명칭 Title of the Invention
인체공학적 구조의 베개

특허권자 Patentee
성우경(841015-*******)
서울특별시 강동구 상암로 11, 102동 2201호 (암사동, 선사현대아파트)

발명자 Inventor
성우경(841015-*******)
서울특별시 강동구 상암로 11, 102동 2201호 (암사동, 선사현대아파트)

위의 발명은 「특허법」에 따라 특허원부에 등록되었음을 증명합니다.
This is to certify that, in accordance with the Patent Act, a patent for the invention has been registered at the Korean Intellectual Property Office.

2023년 08월 10일

특허청장
COMMISSIONER,
KOREAN INTELLECTUAL PROPERTY OFFICE

『상표등록증』

상표등록증
CERTIFICATE OF TRADEMARK REGISTRATION

등 록 제 40-2119134 호
Registration Number

출원번호 제 40-2022-0120899 호
Application Number

출원일 2022년 06월 29일
Filing Date

등록일 2023년 11월 29일
Registration Date

상표권자 Owner of the Trademark Right
성우경(841015-*******)
서울특별시 강동구 상암로 11, 102동 2201호 (암사동, 선사현대아파트)

상표를 사용할 상품 및 구분
List Of Goods
제 20 류
베개등 15건

위의 표장은 「상표법」에 따라 상표등록원부에 등록되었음을 증명합니다.
This is to certify that, in accordance with the Trademark Act, the trademark has been registered at the Korean Intellectual Property Office.

특허청
Korean Intellectual Property Office

2023년 11월 29일

특허청장
COMMISSIONER,
KOREAN INTELLECTUAL PROPERTY OFFICE

『디자인등록증』

디자인등록증
CERTIFICATE OF DESIGN REGISTRATION

등 록 / Registration Number : 제 30-1204066 호

출원번호 / Application Number : 제 30-2022-0026018 호
출원일 / Filing Date : 2022년 06월 29일
등록일 / Registration Date : 2023년 02월 13일
등록의 구분 / Type of Registration : 심 사 등 록 (EXAMINED REGISTRATION)
물품류 / Class : 제06류
디자인의 대상이 되는 물품 / Product : 베개

디자인권자 / Owner
성우경(841015-*******)
서울특별시 강동구 상암로 11, 102동 2201호 (암사동, 선사현대아파트)

창작자 / Creator
성우경(841015-*******)
서울특별시 강동구 상암로 11, 102동 2201호 (암사동, 선사현대아파트)

위의 디자인은 「디자인보호법」에 따라 디자인등록원부에 등록되었음을 증명합니다.
This is to certify that, in accordance with the Design Protection Act, the design has been registered at the Korean Intellectual Property Office.

2023년 02월 13일

특허청
Korean Intellectual Property Office

특허청장
COMMISSIONER,
KOREAN INTELLECTUAL PROPERTY OFFICE

 이 인 실

 QR코드로 현재기준 등록사항을 확인하세요